安倍晋三元首相銃撃事件の深層

統一協会と野合・癒着の闇を照らす

渡辺国男

日本機関紙出版センター

はじめに

第26回参議院選挙投票日2日前の22年7月8日、安倍晋三元首相が奈良市近鉄西大寺駅前で自民党候補の応援演説中に凶弾に倒れ、同日夕刻死亡するという衝撃的事件が起きた。筆者もそうだったが、この本を手にする人は次々報道されるニュースのテレビの画面に釘付けになったはずだ。それほど衝撃的事件だった。事件現場に置かれた献花台に花を手向け、手を合わせる人が相次いだ。「(銃撃事件) 直後はみんなショック状態だった」「安倍さんの家族葬はものすごい人出になりました。あれは安倍さんの死を悼むというより、歴史的な出来事の目撃者になりたい、という大衆心理」(高村薫「アエラ」9月26日号)、「自民党だけでも180人もの国会議員が統一協会と接点を持っていた。来春のいっせい地方選挙に向けて地方議員の接点が明らかになっていく。戦後最大のスキャンダル」(10月10日大阪市内での有田芳生氏の講演)。接点が多いだけではない。政権政党である自民党の政策に影響を与え、政治・行政が歪められていた可能性も明らかになっている。それほど安倍元首相銃撃事件は日本社会に衝撃を与えた。さらに真相が明らかにされるにつれ、これからも与えていくだろう。

統一協会問題は80年代頃から霊感商法が社会問題として報じられるようになり、90年代の初め新体操の山崎浩子や歌手の桜田淳子などの有名人が統一協会の「集団結婚式」に参加したこともあって、テレビのワイドショーや週刊誌を中心に「芸能ニュース」的に大きく報道された。が、95年のオウム真理教事件以降はほとんど報じられることがなくなり「空白の30年」といわれる。それは統一協会対策「空白の30年」でもある。

安倍元首相銃撃事件は、はからずも30年間という時空の空白を埋めて、反社会的カルト教団・統一協会（世界平和統一家庭連合）と安倍晋三元首相をはじめ、国会議員や地方議会・議員、知事までもが野合・癒着し、政治、行政を歪めていた闇を照らすものとなった。

筆者が学生生活を送った60年代半ば、当時のキャンパスには統一協会のフロント組織「原理研究会」がすでにうごめいていた。また70年代から80年代の革新勢力高揚の時期、同じく政治フロント組織「勝共連合」の謀略との激しい闘いに何度も遭遇した。そういう体験もあって今回の安倍元首相銃撃事件発生直後から強い関心を持ちながら、統一協会（世界平和統一家庭連合）の実態や、事件の「深層」を注意深くウオッチしてきた。

筆者の知人に「勝共連合」の謀略に巻き込まれ、大阪地裁の一審で有罪判決を受け、無罪を求めて上告し働き盛りの10年間、裁判を不屈に闘い無罪判決を勝ち取った辻邦男がいる。その闘いのストレスが重なったこともあろう、人生を楽しむこれからという時に亡くなった。その無念さにも思いを寄せながら執筆作業を進めた。

なお、メディアは「統一教会」と表記しているが、本書では「統一協会」と表記する。なぜなら統一協会の正式名称は「世界基督教統一神霊協会」（Holy Spirit Association for the Unification of World Christianity）だからだ。「教会」（Church）という表記は、統一協会があたかもキリスト教系の宗教団体であるかのような印象を受けてしまう。統一協会はキリスト教の言葉を断片的に使っているがキリスト教とは似て非なるものであり、霊感商法に見られるように宗教に名を借りた反社会的、カルト組織であって、宗教団体などでは決してない。正式名称の「協会」（Association）が実態を表している。文化庁や全国霊感商法対策弁護士連絡会も「協会」と表記している（第5章で詳述）。

ジャーナリストの柿田睦夫氏によれば、統一協会結成当時には統一協会自身もメディアも「統一協会」と表記していたが、霊感商法などで統一協会への批判が高まる中で、キリスト教とまぎらわしい統一「教会」と名乗るようになり、メディアにも圧力をかけて統一「教会」と表記させてきた。統一協会の「合同」結婚が普通の結婚を「合同」で行うかのように装っているのも同じである。本書では統一「教会」ではなく統一「協会」、「合同」結婚は「集団」結婚と表記する。

また、統一協会は現在「世界平和統一家庭連合」と名称変更されているが、煩雑なので「統一協会」と表記し、必要に応じて「世界平和統一家庭連合」も使用した。

渡辺国男

はじめに

〈もくじ〉　安倍晋三元首相銃撃事件の深層　統一協会と野合・癒着の闇を照らす

第8章　〝反日〟の統一協会と〝愛国〟の安倍元首相の野合・癒着、そして維新の会　171

第1章

銃撃事件発端の怪

銃撃事件発生直後から、ＮＨＫテレビ画面に「奈良市近鉄大和西大寺駅前で安倍元首相が演説中に倒れて出血している模様」というテロップが流れた。その後山上徹也（41・当時）容疑者の名が流れ、銃撃に至る動きを捉えた動画が繰り返し放映された。

強い恨みによる覚悟を決めた犯行

安倍元首相の背後の角度から車道越しに歩道を望む映像には、演説中の安倍元首相を歩道から窺う山上容疑者の姿が認められる。バッグをタスキ掛けにした山上容疑者は拍手を送る仕草も見せる。車道はかなり通行量があり、横切る車両に山上容疑者の姿が時々かき消される。次の瞬間容疑者は誰から静止されることもなく車道に歩き出す。ゆっくりでもないがさりとて慌てている風でもない。実に落ち着き払っている。演説中の安倍元首相まで数メートルほどの至近距離に近づいた容疑者は、タスキ掛けのバッグから手製の散弾銃を取り出し、構えて引き金を引く。この間の山上容疑者の動きには、ためらいの様子は一切感じられない。強い恨みによる覚悟を決めた凶行を思わせる。

「ズドーン」――鳴り響いた銃声は銃にしては意外と鈍い。辺りには白煙が立ち上った。ジャーナリストの有田芳生氏は各地の講演で「あまり知られていないことだが」と前置きし、「山上容疑者が１発目の引き金を引いた際、韓鶴子（ハン・ハクチャ）！と叫んだ」と明かしている。文鮮明の妻・韓鶴子は文鮮明亡き後、統一協会の後継総裁である。山上容疑者は安倍元首相を今まさに狙おうという時に、そう叫んだほどに文鮮明一族に強い恨みを抱いていたことがうかがわれる。

1発目は逸れたが、さらに数歩進んで近づき2発目を発射。この間2・8秒。1発目の銃声に何事かと振り返りざまの安倍元首相に命中。左上腕から入った銃弾は、左右の鎖骨下にある動脈を損傷し、そこから大量に内出血したことが命取りになった。心肺停止の状態で奈良県立医大附属病院に運ばれ、安倍元首相の死亡は夕刻発表されたが、事実上の即死だった。その場で容疑者は取り押さえられた。特に抵抗することも悪びれる様子もなく、素直に警察車両に乗り込んでいく。

メディアは、山上容疑者が安倍元首相を銃撃した動機を、「（殺害は）安倍氏の政治信条とは関係がない。特定の宗教団体に恨みがあった。その宗教団体と関係があると思い込んで殺害した」と繰り返し報じた。統一協会の熱心な信者だった山上容疑者の母親は、1億円以上献金したとされる。当然一家は破産。それだけでない。母親は統一協会の修行行事に参加するため韓国に渡り長期間家をあけることがあった。父親は若くしてすでに自死している。山上容疑者ら3人の兄妹は母親からネグレクト。「食べるものない」という事態を見かねた伯父（山上容疑者の父の兄）は毎月生活費を支援していたほどだ。奈良県有数の進学校に通っていた山上容疑者は大学進学を希望していたとされるが、断念せざるを得なかった。「私と統一協会の因縁は約30年に遡ります。母の入信から億を超える金銭の浪費、家庭崩壊、破産……この経過と共に私の10代は過ぎ去りました」（米子市在住のノンフィクションライター米本和宏和広氏への手紙─全文は後で紹介）と述べていたように、統一協会に強い恨みを募らせていく（第3章で詳述）。

その恨みは統一協会幹部の殺害を計画するまでに高じていく。当初文鮮明一族、中でも韓鶴子総裁の殺害を計画していたとされる。供述によれば、3年前愛知県常滑市の国際展示場で国内外から信者4万人を集めて行われた世界平和統一家庭連合（統一協会）の集会に韓鶴子総裁が来日した際、火炎瓶で襲撃することを狙ったが、警戒が厳しく会場に入れず断念したという。

そうした矢先、山上容疑者は21年9月12日、韓国で開催された、統一協会のフロント（偽装組織の一つ「天宙平和連合」（Universal Peace Federation 略称UPF）年次総会のイベントに寄せられた、一つの祝賀ビデオメッセージを見ることになる。そのビデオメッセージに登場するのが安倍晋三元首相である。その冒頭で統一協会の開祖・故文鮮明の後継である韓鶴子総裁を最大級の言葉でほめあげている。このビデオメッセージを見た山上容疑者は、安倍元首相が統一協会を後ろ盾していると思い、恨みを晴らす矛先を韓鶴子から安倍元首相に矛先を変える、決定的モメントになった。

この祝賀ビデオメッセージがどういう経過で作成、準備されたのか。詳細は第2章に譲るが、何と統一協会側と安倍元首相とで綿密に打ち合わせて準備されていた。今回の事件で、統一協会やそのフロント組織に自民党議員を中心に多くの政治家がメッセージや祝電を送っていることが明らかにされている。儀礼的な付き合いで出したとか、統一協会関連の団体とは知らなかったという釈明が相次いだ。それ自体も「知らなかった」では済まされない問題を含んでいるが、安倍元首相のビデオメッセージの場合は、統一協会側が安倍元首相を口説き、綿密に打ち合わせたうえで準備されていた。それほどに統一協会と太く強いつながりがあったのだ。

ジャーナリストの鈴木エイト氏によると、安倍元首相の祝賀ビデオメッセージは統一協会の撮影クルーが議員会館へ行って撮影したものではなく、安倍元首相がわざわざ統一協会の撮影スタジオへ出向いて撮られたものという。自ら出演したビデオメッセージがモメントになって、自らの命を失うことになるとは、安倍元首相もよもや思わなかっただろう。

恨みがあった安倍元首相を銃撃することは決して許されるものではない。しかしこの銃撃事件を通してはからずも、安倍元首相や自民党議員の反社会的カルト教団＝統一協会との癒着・野合の闇が白日の下にされていく。

〝特定の〟宗教団体、〝思い込んで〟の違和感

銃撃事件直後メディアは山上容疑者が安倍元首相を銃撃した動機を、「（殺害は）安倍氏の政治信条とは関係がない。〝特定の〟宗教団体に恨みがあった。その宗教団体と関係があると〝思い込んで〟殺害した」と繰り返し報じた。しかし、山上容疑者が警察の取り調べに対して「〝特定の〟宗教団体に恨みがあった」とか、その特定の宗教団体と「その宗教団体と関係があると〝思い込んで〟殺害した」と供述しただろうか？　普通に考えればそんな供述はあり得ない。

仮に山上容疑者が「〝特定の〟宗教団体に恨みがあった」と供述しているのであれば、取調官は「どこの宗教団体か」と具体的名称を問い詰めているはずだ。「（殺害は）安倍氏の政治信条とは関係がない」が「安倍元首相が（その宗教団体と）関係があると〝思い込んで〟殺害した」と供述していたのであれば、取調官は何をもって安倍氏と思い込んだのか、具体的に問い詰めているはずだ。「関係があると〝思い込んで〟」という語感には、「そうではないのに」という意味合いがある。

しかし事実は大いに関係があったのだ。メディアが報じる山上容疑者の淡々とした供述ぶりからは、覚悟を決めた凶行であることが感じられる。であれば実名や具体的動機を供述しているはずだ。しかしなぜメディアは〝特定の〟とか〝思い込んで〟と一斉に横並び報道したのだろうか？　投開票翌日の11日、世界平和統一家庭連合（統一協会）が記者会見したことを契機に〝特定の〟は「世界平和統一家庭連合」と実名が用いられるようになり、〝思い込んで〟は「思って」に用語が用いられるようになっただけに極めて奇怪である。

考えられるのは容疑者が実名や動機をあげて供述しているのに、警察がそれらを伏せて発表、もしくはメディアの取材に応じているか、警察がメディアにそれらを出しているのに、メディアの側が実名や動機を伏せたかのいずれかだ。

「海外メディアは『統一教会』と特定していた」（有田芳生　改訂新版「統一教会とは何か」）という指摘がある。それを受けて国内大手メディアが一斉に実名報道を始めたのであれば、警察が実名を出しているのに国内メディアが実名を伏せて「特定の」と表現した可能性もある。

海外のメディアが報道するようになってから、国内のメディアが報道し始めたというケースがこれまでにも多々事例があるからだ。情けないがそれが日本のメディアの自主性のなさである。いずれにしても実名報道に至るまでの経過は検証されるべきである。

片山さつき参議院議員のつぶやき――「情報の出し方等万般チェックを」

自民党の片山さつき参議院議員は、自身が発したツイッターで「警察庁長官に『奈良県警の情報の出し方等万般、警察庁本庁でしっかりチェックを』と慎重に要請致しました。これ以上の詳細は申せない点ご理解を」（7月14日）と、「要請」という圧力をかけたことをさも得意げに明かしている。その要請が「安倍元総理の銃撃と統一協会を結び付けるな」という趣旨であったことは容易に推測できる。ちなみに片山議員は安倍派である。自民党の中でも特に安倍派が統一協会と結び付いていることは、少なくとも派内では共通の認識だったはずである。とすれば圧力をかけられた奈良県警が発表内容を忖度した可能性もある。その圧力がいつの時点のことだったか明らかにされていない。このことも検証されるべきである。

銃撃事件が起きた7月8日は10日投開票される参議院選挙の2日前だった。事件発生からほとんどのテレビ各キー局とＮＨＫは、深夜に至るまで通常の番組の大半を飛ばして特別の報道態勢を敷き、安倍元首相銃撃犯行瞬間の映像と、安倍元首相の〝偉業〟をたたえる談話や足跡をなぞるシーンを延々と流した。これが投票行動に大きく影響――自民党有利に作用した。しかし一方、もし『特定の』宗教団体」が実名報道されていたら、参議院選挙の結果が大きく変わっていたかもしれないという指摘がある。

共同通信が行なった選挙後のアンケート調査では――むろん、山上徹也容疑者の起こした事件の背景として、安倍元首相が統一協会の後ろ盾になっていることが一定明らかにされている時点のものである――襲撃事件が自分の投票行動に影響が「あったとする」のが15・1パーセントもあった。80年代から90年代にかけて、霊感商法や集団結婚など反社会的問題を引き起こした統一協会のことは記憶に新しい。名称変更（15年）された「世界平和統一家庭連合」という名称を知らなくても、「霊感商法」や「集団結婚式」といえば統一協会を思い起こす人も多いだろう。その統一協会のフロント組織に、憲政史上最長の政権を誇り今なお党内に影響力を温存していた首相経験者が、祝賀ビデオメッセージを送っていたとなれば、参議院選挙の街頭演説中に銃撃・殺害されるという衝撃的事件に耳目が集まっていただけに、投票行動に少なくない影響があったという指摘は合理性がある。

統一協会（世界平和統一家庭連合）の実名や具体的動機を出すと自民党に不利に働く――そのために実名報道を避けたとしたら、警察組織やメディアの責任が問われる。選挙というのは政策・主張だけでなく、その政治家や政党の全体像に審判が下されるからだ。安倍元首相が反社会的統一協会と関わりを持ち、恨みを持たれていたことを投票が終わるまでは明らかにしない――こんな忖度が働いていたとしたら空恐ろしいことである。

統一協会と安倍元首相とのつながりを阻む動き

「特定の」宗教団体が統一協会であることがあからさまになり、民放局の情報番組や週刊誌、そしてＳＮＳ上では、統一協会と安倍元首相や政治家、政界とのつながりの解明に報道や議論の軸足が向かっていく。

統一協会に強い恨みがあり、このビデオメッセージを見て安倍元首相が統一協会の後ろ盾になっていると思い殺意を持ったと山上容疑者が供述しているのだから、その統一協会と政治家や政党のつながりに報道の軸足が向かったのは当然のことである。しかし今日では安倍元首相や自民党が統一協会と深いつながりを持ち、野合・癒着していたことが明々白々になっているが、事件の直後からつながりの追及を阻もうとする報道機関や著名人の動きがあった。

一つはＮＨＫである。参議院選挙投票日から1週間後の7月17日、ＮＨＫ日曜討論に出演したジャーナリストの江川紹子氏は、次のような要旨を問題提起した。

――今回の事件で社会的に問題のある団体とその政治家との関係は見直さなければならないと思う。今のところ、政治的テロというよりも、統一協会という一つの宗教団体によって家庭や人生を壊されたと恨みを肥大化させてしまった末の事件と見られる。もちろんそれが犯行を正当化しないということは言うまでもないけれども、この団体の被害に取り組んでいる弁護団からは、政治家に対して統一協会と関わらないように要請が何度も出ていたにも関わらず、今回の選挙でもこの団体の支援を受けている候補者がいると言われている。この事件を機に関係を改める必要があります。それから国民もメディアもこの問題に関心を持って、一人ひとりの政治家をチェックするっていうことも必要になってくると思う。

江川氏の問題提起は、山上容疑者が統一協会に恨みを募らせた末の蛮行であり、統一協会と政治家のつながりが問題視されてきただけに、政治家と統一協会のつながりを改めるべきという、極めて的確な問題提起だった。しかし、司会者は「捜査の進展を見る必要があると思う」と述べるのみで、この問題提起をスルーしてしまう。統一協会と政治家とのつながりの解明は、警察の捜査を待たなければならないことなのか？ 警察は山上容疑者の犯行そのものを捜査し、その動機を取り調べることが仕事である。統一協会と政治家のつながりを取り調べることは必要な範囲でやるかもしれないが、それが主な仕事ではない。ましてや片山さつき参議院議員が先述したような「圧力」を警察筋にかけている。司会者の進行運営は安倍元首相や政治家と統一協会とのつながりを触れようとしないアンフェアなものと言わざるを得ない。

その後の経過を見れば、多数の政治家が、特に自民党議員が統一協会とズブズブの関係あることが次々明らかになっている。民放局が毎日のように統一協会にかかわる情報番組を組み、統一協会と政治家のつながりを掘り下げて報道しているのに対して、公共放送たるＮＨＫがそうした掘り下げる番組に消極的なのはどうしたことか。

安倍元首相持ち上げ、礼賛

それどころか、ＮＨＫは安倍元首相の持ち上げ番組を組んでいる有様だ。銃撃事件後２週間を経た、７月31日夜放映された「安倍長期政権が残したものは?」のゲストは、御厨《みくりや》貴・東大名誉教授、第１次安倍政権で民間人閣僚として経済財政担当相を務めた大田弘子・政策研究大学院大学特別教授、宮家邦彦・キヤノングローバル戦略研究所研究主幹。

この番組について「しんぶん赤旗」の藤沢忠明記者は、次のように書いた。

――「テロによって、明らかに推進役を失った」（御厨）、「次々と政策を打ち出していった」（大田）、「世界から見たら、お世辞抜きでも、すごい損失」（宮家）といった具合です。

番組は、「経済政策の成果」では、「実質賃金はマイナス、非正規労働者の割合は年々上昇した」「消費税率の引き上げに２度取り組んだ」としたものの、ゲストは、「明らかに日本経済にプラスになった」（大田）。とうてい、現実を見ているとは思えません（８月４日「レーダー　ＮＨＫが安倍政権を回顧したが」）。

藤沢記者の指摘はあまりにも当を得ている。安倍政治の評価は大きく分かれている。それを礼賛するだけの番組はいただけない。

少し遅れて「朝日新聞」に、民放局が旧統一協会関連報道で気を吐いている一方で、あまりのNHKの報道ぶりに、ドキュメンタリー監督の大島新氏が次のような記事を寄せている。

——7月31日に放送された特別番組「安倍元首相は何を残したか」には落胆させられた。ゲストは3人、御厨貴さん以外の2人は安倍晋三元首相のほぼ「功」しか語らなかった。出演者に罪はない。自分の考えを話しているのだから。しかし人選しているのはNHKだ。それは一体、誰に向けられているのか。ジャーナリズムの役割の最も重要な役割は権力の監視である、というのは釈迦に説法だと信じたいが（8月13日　テレビ時評「NHKの旧統一協会報道」）。

至言である。

果たして政治的テロ、民主主義への暴挙なのか

この銃撃事件は直後、「政治的テロ」「民主主義への暴挙」と声高に報道された。確かに選挙という民主主義が行使される場においての凶行だから民主主義に敵対はする。一般にテロリズム（terrorism）とは、政治的な目的を達成するために暴力および暴力による脅迫を用いることを指し、「テロ」と略される。しかし山上容疑者の今回の安倍元首相の銃撃はテロではあっ

たが、「政治的テロ」ではない。山上容疑者は安倍元首相の「政治的信条」が恨みではないと供述している旨、繰り返し報じられており、何か「政治的な目的」を達成しようとしたとは見えないからだ。また「民主主義への暴挙」というのは、あまりにも紋切り型すぎはしないか。

山上容疑者が事件直前に、統一協会を批判するブログを運営する松江市在住のルポライター米本和広氏に送った手紙には次のように記されている。山上容疑者はこのブログに書き込みし、このルポライターとはつながりがあった。

――ご無沙汰しています。私は「喉から手が出るほど銃が欲しい」と書きましたが、あの時からこれまで、銃の入手に費やして参りました。その様はまるで生活の全てを偽救世主のために投げ打つ統一協会員、方向は真逆でも、よく似たものでもありました。私と統一協会の因縁は約30年に遡ります。母の入信から億を超える金銭の浪費、家庭崩壊、破産……この経過と共に私の10代は過ぎ去りました。その間の経験は私の一生を歪ませ続けたと言って過言ではありません。

山上容疑者の母親が入信してまもなく高額の献金を始め、一家の暮らしが困窮し始めたのは11歳の時である。まさに思春期へ成長していく時期に想像を絶する困窮状態に陥った（第３章で詳述）。手紙は続いて「私の一生を歪ませ続け」た統一協会と襲撃の矛先が教祖・文鮮明一族であり、本来統一協会のシンパの一人にすぎなかった安倍元首相は狙う矛先ではなかったとも綴られている。

——個人が自分の人格と人生を形作っていくその過程、私にとってそれは、親が子を、家庭を、何とも思わない故に吐ける嘘、止める術のない確信に満ちた悪行、故に終わる事のない衝突、その先にある破壊。世界中の金と女は本来全て自分のものだと疑わず、その現実化に手段も結果も伴わない自称現人神。私はそのような人間、それを現実に神と崇める集団、それが存在する社会、それらを「人類の恥」と書きましたが、今もそれは変わりません。苦々しくは思っていましたが、安倍は本来なら敵ではないのです。あくまでも現実世界で最も影響力のある統一協会シンパの一人にすぎません。文一族を皆殺しにしたくとも、私にはそれが不可能な事は分かっています。分裂には一挙に叩くのが難しいという側面もあるのです。現実に可能な範囲として韓鶴子本人、無理なら少なくとも文の血族の一人には死んでもらうつもりでしたが、或いは統一協会が再び結集するのか、どちらにしても私の目的には沿わないのです。安倍の死がもたらす政治的意味、結果、最早それを考える余裕は私にはありません。

「偽救世主」「自称現神人」とは、いうまでもなく統一協会の開祖、文鮮明のことである。しかし祝賀ビデオメッセージを見た山上容疑者は安倍元首相に矛先を向けた（第2章で詳細）。ここで言われている「分裂」とは、「教祖・文鮮明が12年9月に死去。後継争いは息子同士だけでなく母子間の諍いに発展、後継候補だった息子たちは次々に離反し、妻である韓鶴子総裁の独裁体制」（鈴木エイト『自民党の統一教会汚染』）となったことを指している。分裂した文ファミリーを「一挙に叩く」のは難しいという意味である。

公表されたこの手紙の消印は岡山中央。監視カメラがとらえた、山上容疑者が岡山市内で投函する動画が確認されており、銃撃凶行前日の7日に投函されたことも分かっている。奈良市在住の山上容疑者がなぜ岡山市内で投函したのか。奈良市前日の安倍元首相の遊説先が岡山市だったからだ。安倍元首相の日程をネットでつかんだ山上容疑者は、岡山市まで足を伸ばして銃撃の機会を窺っていた。しかし手紙の文面には、旧統一協会と文一族への恨みは綴られているが、安倍元首相の政治的主張に対立、もしくは批判する記述はない。事件直後の報道でもツイッターの書き込みや山上容疑者が残したメモを見る限り、安倍元首相の政治的主張や立場を強く非難、対立する記述もないとされた。

山上容疑者が発信した１３００以上のＳＮＳへの投稿やツイートを読み解いた新潟星稜大学院碓井忠史教授は、「(山上容疑者は）安倍氏も安倍政権も基本、支持していたのではないでしょうか」（｢毎日新聞」８月９日）と分析した。歴代内閣は戦争放棄と戦力を保持しないと定めた憲法９条２項の解釈として、建前だけにしても自衛隊は「専守防衛」の実力組織であって戦力ではないとしてきた。安倍内閣はその解釈を一夜にして１８０度変え、集団的自衛権行使容認を閣議決定（14年7月1日）し、「戦争法」といわれる一連の安保法制を強行、成立させた（15年９月19日）。「戦争しない国」から「戦争する国」へ、事実上憲法９条が骨抜きにされた。安保闘争以来といわれる「戦争法」強行に抗議する国会包囲のデモが連日繰り広げられた。

安倍政治の評価がもっとも鋭く分かれる点だ。

その集団的自衛権行使容認の安保法制について、山上容疑者は「主権国家である以上憲法がどうであれ自衛権を否定し得ないなら、集団に依るしか現実に自衛する方法がない場合でも集団的自衛権が違憲になる理由はない」と書き込み、集団的自衛権行使容認の立場だ。「安倍氏（の政治的主張）を恨んでいたと読み解けるものはなかった。あくまで、団体と政界のつながりの象徴として安倍氏を標的にした」（前出・碓井忠史教授）。

政治的テロという場合、言論によって鋭く対立する政治的主張とたたかうのではなく、抹殺することで相手の主張を封殺することにある。戦前に遡れば1930年11月、「（天皇の）統帥権を干犯したから」として、21歳の青年に銃撃された浜口雄幸首相しかり。戦後でも60年10月、「日本を赤化（社会主義国になること）から守りたかった」として、17歳の右翼少年に刺殺された日本社会党の浅沼稲次郎しかり。

これまで見てきたように山上容疑者は安倍元首相と対立する政治的主張がなく、今回の銃撃事件を政治的テロと呼ぶには無理がある。山上容疑者は祝賀ビデオメッセージを見て、安倍元首相が恨みを募らせてきた統一協会の後ろ盾になっていると知り凶行に及んだ（第2章で詳述）。安倍元首相と政治的立場が近かっただけに余計裏切られたという思いを募らせたともいえる。近親憎悪という言葉がある。より近しい関係にあるほど裏切られた場合、憎しみがより増大することを指す。

だとすれば安倍元首相の銃撃・殺害は、政治テロではなく山上容疑者の怨恨であり、社会的トラブルに巻き込まれた、不慮の事故というべきだろう。なのに事件直後は「政治的テロ」「民主主義への暴挙」と声高に叫ばれた。そこには安倍元首相を民主主義の犠牲者、「非業の死」を遂げたとして、ことさら英雄視する意図がありはしないか。

事件直後のような声高な「政治的テロ」論は今のところ収まっている。しかし国葬をいち早く決めた岸田首相も、銃撃事件を「政治的テロ」「民主主義への暴挙」として、政治的利用の思惑があった。８月６日、広島の原爆記念式典に臨んだ岸田首相は記者会見し、批判が高まり出している安倍元首相の国葬について丁寧に国民に説明すると述べつつ、安倍元首相の死を「非業の死」と表現した。８月26日安倍元首相の国葬の費用が警護費用を除いて２億５千万円と発表した際にも、岸田首相は国葬を行う理由として「非業の死を遂げた」と強調した。「テロルの総決算」という見出しの特集を組んだ雑誌もある（『文藝春秋』９月号）。こういう言葉が危ない。民主主義の犠牲＝「非業の死」＝希代の英雄につながっていくことに注意しなければならない――と思いながら筆者はウオッチしてきたが、これまでのところそれは杞憂に終わっている。

統一協会に30年間何も手を打ってこなかった

山上容疑者が強い恨みを持った「特定の」宗教団体はどこなのか、統一協会ではないかという推測が当然のごとく瞬く間に広がった。「世界平和統一家庭連合」（統一協会）は、参議院選挙投票日翌日の11日記者会見を開いた。一部に実名が出てもう逃れられないと判断して会見を開いたものだ。田中富広会長は、献金があったことは認めつつも強要はしていない、山上一家が破産したことは掌握していないなど言い逃れと自己弁護の酷いものだった。何より社会問題を引き起こした霊感商法には一切触れられていないが、山上容疑者の母親が信者であることを認めた。このことによって山上容疑者の銃撃事件が統一協会への恨みにもとづくものであることがはっきりした。

これを受けて全国霊感商法対策弁護士連絡会（以下、全国弁連）は、翌12日記者会見を行った。あらかじめ配布された声明文を読み上げ、会見で補足された。

声明文の2節には次のように述べられている。

――山上被疑者の母親が統一協会に多額の献金をし、家庭を崩壊させられたことへの恨みが今回の事件の動機であるという報道が事実だとすれば、同被疑者が母親の常軌を逸する統一協会への献金をはじめとした忠実すぎる活動のためどんなに苦しんできたことか。多くの元信者やその家族、二世信者の苦悩や葛藤、生活の困窮などの悩みに接してきた当会としては、かねてよりこのような実情について心から憂いてきたことであり、その意味で、山上被疑者の苦悩や協会に対する憤りも理解できます。家庭を崩壊させる統一協会の活動について行政も政権を担う党の政治家もこの30年以上何も手を打ってきませんでした。今回の行為は決して許されることではありませんが、こうした問題に対し社会としてどう取り組むべきかが改めて問われているとも思います。

記者会見では、全国弁連や被害者の会などの申し入れにもかかわらず、統一協会の霊感商法が放置され、被害が拡大し「当会としては、かねてよりこのような実情について心から憂えてきた。その意味で、山上容疑者の苦悩や協会に対する憤りも理解できる」とし、山上容疑者の心中を察している。メディアの報道が山上容疑者の蛮行非難一色の中にあって、山上容疑者が統一協会に強い恨みを持つに至る心中を察した発言である。数多くの統一協会被害者の相談と救済に長らく取り組み、筆舌に尽くし難い統一協会の害悪を実感しているからこそ言い得た発言である。全国弁連の再三の警告にもかかわらず、こうした統一協会の活動が長年野放しにされてきただけに「社会としてどう取り組むべきかが改めて問われている」という言葉が突き刺さってくる。

さらに声明文の３節では次のように述べられている。

――安倍元首相が、統一協会やそのダミー組織のひとつである『天宙平和連合』（ＵＰＦ）などのイベントにメッセージを発信することを繰り返し、特に昨年９月12日の「神統一韓国のためのＴＨＩＮＫ　ＴＡＮＫ２０２２　希望前進大会」（ＵＰＦのＷＥＢ集会）でビデオメッセージを主催者に送り、その中で韓鶴子総裁に「敬意を表します」と述べたことは、統一協会のために人生や家庭を崩壊あるいは崩壊の危機に追い込まれた人々にとってたいへんな衝撃でしたし、当会としても厳重な抗議をしてきたところです。政治家の皆様が政治的信念にもとづいて意見を述べ行動されることについて当会として異をはさむものではありません。しかし、その献金・勧誘行為や信者獲得手法について繰り返し違法である旨の判決が下されている統一協会やそのダミー組織の活動について支持するような行動は厳に慎んで頂きたいと改めて切実にお願いいたします。

韓鶴子は統一協会開祖文鮮明が死去後の後継総裁である。その韓鶴子に「敬意を表します」と最大級の賛辞を寄せた、この祝賀ビデオメッセージが、統一協会の広告塔として使われたことは容易に想像できる。しかし統一協会の被害者に衝撃をあたえたということまでは、当事者に関わっていなければなかなか実感が及ばない。その点でこの声明文は被害者の存在とその苦悩に改めて目を向けさせるものだ。

田中富広会長が、前日の記者会見でＵＰＦは別組織であって、統一協会としてはあずかり知らないと言わんばかりの、とぼけた発言をしているのは全く白々しい。詳細は後述することになるが、ＵＰＦは統一協会に多々ある中の、明々白白のフロント組織である。

第2章

統一協会と〝合作〟の祝賀ビデオメッセージ

統一協会に強い恨みを募らせていた山上容疑者は、安倍元首相が統一協会のフロント組織・天宙平和連合（ＵＰＦ）のイベントへ寄せた祝賀ビデオメッセージを見て、銃撃の矛先を安倍元首相に変えたとされる。むろんビデオメッセージを見ていきなり、矛先を変えたわけではないだろう。山上容疑者は安倍元首相が在任中の19年10月、ＳＮＳに「オレが憎むのは統一協会だけだ。結果として安倍政権に何があってもオレの知った事ではない」とか、翌年11月にはニュースサイトを引用する形で「統一協会関係閣僚９人」などと書き込んでおり、政権や政治家との関係を意識・注目している（「しんぶん赤旗」22年7月27日）。しかし山上容疑者が供述しているように、このビデオメッセージを見たことが恨みを晴らす矛先を安倍元首相に向ける決定的モメントになった。このビデオメッセージをどう評価しどう見るか、どういう経過で作成されたのかを探ることは、安倍元首相銃撃事件の深層に迫る上で不可欠である。

まずこのビデオメッセージの評価、どう見るかについて問題点が2点あると思われる。

ビデオメッセージは儀礼的な些事か

一つは祝賀ビデオメッセージを送ったことを些事として、統一協会と安倍元首相とのつながりを軽く扱おうとする動きである。脳科学者の茂木健一郎氏やキャスター・パーソナリティの辛坊治郎氏、タレントの東国原英夫氏などの発言だ。例えば茂木健一郎氏は、ツイートした貼り付動画で次のように語っている（7月10日）。

――ビデオメッセージを送っていたようですが、それは付き合いみたいなもので、年に１回、しゃべる時しかその団体のことを考えなかったのかしれないし、安倍さんには一国の総理として他に考えることがたくさんあった。保守の人たちとその団体の主義主張と共鳴する部分はあったのかもしれないが、それ以上でもそれ以下でもなかったと思う。

今回の安倍さんの特定の団体の関係があるというのは安倍晋三という人、私人としても政治家としてもその経験の全体からすると、本当にごくわずかだったのではないか。そのごくわずかなことを捉えてあたかも大きな意味がある、と言うのはバランスが欠けているし、バランスを欠いたことが思い込み、妄想がこのような悲劇を生んだことを考えると、バランスを考えることが大事だと思う。

茂木健一郎氏はこのツイートの貼り付け動画と同じ趣旨のことを、週刊誌でも発言している（「週刊ポスト」７月29日号、『「心の理論」が欠如しているからネットの情報を信じてしまう』）。「一国の総理として他に考えることがたくさんあった」多忙な安倍元首相にとっては、ビデオメッセージを送るようなことは、些事だというのだ。果たして些事なことなのか。

自民党議員を中心に多数の政治家が、統一協会とフロント組織にメッセージを送り挨拶し会費を支払い、中には献金を受けていたことが次々明らかになっている。統一協会は宗教に名を借りた狂信的カルト集団である。そういう反社会的組織にメッセージを送っていたことを些事として見ることは、反社会的カルト組織の存在やそのつながりを容認することになり、到底座視しえない議論である。

茂木健一郎氏は同じ貼り付け動画でさらに持論を展開している。

――陰謀論は針小棒大というか、ごく一部分の事実、事実と思われるものを拡大解釈して、そこにあたかも巨大な構図があるかのように勘違いするのが陰謀論だと思う。ネットの書き込みや議論を見ていると悪い意味での陰謀論だと思う。

「その巨大な構図」とは、安倍元首相や政党・政治家と統一協会（世界平和統一家庭連合）のつながりを指している。茂木健一郎氏の些事論、陰謀論は、銃撃事件の背景にある、統一協会と安倍元首相や政治家とのつながりを「勘違い」だとして触れようとしない。しかし一国の首相経験者や政治家が反社会的・反共謀略組織の統一協会と深くつながっていることを暴くことは、「勘違い」でも「陰謀」でもなく社会正義である。

最高権力者へ賛辞、教団の「家庭の価値」におもねる

その祝賀ビデオメッセージは、21年9月韓国ソウル近郊の教団施設（清心ワールドセンター）で開催されたＵＰＦ（天宙平和連合）の国際集会で、ドナルド・トランプ前アメリカ大統領とともに安倍晋三前首相がリモートで〝登壇〟し、全世界にネット配信された。新型コロナバ

ンデミックのもとで、その国際集会はオンラインで開かれた。会場の大型スクリーンに〝登壇〟した安倍元首相は、「祖父は岸信介元首相、父は安倍晋太郎元外相、日本政界を代表する一家の出身」と紹介され、メッセージの冒頭で統一協会の最高権力者に最大級の賛辞を放っている。

――ＵＰＦの主催の下、より良い世界実現のための対話と諸問題の平和的解決のためにおよそ１５０カ国の国家首脳、国会議員、宗教指導者が集う希望前進大会で、世界平和を共に牽引してきた盟友のトランプ大統領とともに演説の機会をいただいたことを光栄に思います。ここにこのたび出航した「ＴＨＩＮＫ　ＴＡＮＫ２０２２」の果たす役割は大きなものがあると期待しております。今日に至るまでＵＰＦとともに世界各地の紛争の解決、とりわけ朝鮮半島の平和的統一に向けて努力されてきた韓鶴子総裁をはじめ皆様に敬意を表します」（鈴木エイト『自民党の統一教会汚染』）。

見逃せないのは、続くフレーズで「家庭は社会の自然かつ基礎的集団単位としての普遍的価値を持っているのです。偏った価値観を社会変革運動として展開する動きに警戒しましょう」と教団におもねり、ジェンダーフリーの運動を攻撃していることだ。第７章で詳論することになるが、「家族は社会の自然かつ基礎単位」というフレーズは、「国際勝共連合」の幹部が、17年４月に公表したユーチューブ動画上で、独自の憲法改正案を解説しているフレーズと全く同一である。ここにもビデオメッセージが統一協会との〝合作〟の痕跡を見ることができる。安倍氏はさらに台湾海峡の危機への対応について持論まで展開している。

——情熱を持って戦う人が歴史を動かしてきました。自由と民主主義の価値を共有する国々の団結が、台湾海峡の平和と安定の維持、そして朝鮮半島の平和的統一の実現を成し遂げるためには、とてつもない情熱を持った人々によるリーダーシップが必要です。この希望前進大会が大きな力を与えてくれると確信いたします（鈴木エイト・前掲書）。

韓鶴子は12年に死去した統一協会の開祖・文鮮明の後継総裁となり権力をふるっている。その韓鶴子に最大級の賛辞を述べ、統一協会におもねるビデオメッセージは、安倍元首相が統一協会を後ろ盾していると思わせるに十分だった。

統一協会側は一国の首相経験者が寄せたビデオメッセージだからこそ、「お墨付きを得た」としてこれを広告塔として最大限使った。鈴木エイト氏によればこのビデオメッセージは「新たな信者の獲得というより、さらなる献金の拠出に迷っている信者や、疑問を感じて脱会しようと迷っている信者に使われた」（鈴木エイト・前掲書）という。

韓鶴子総裁や文一族を狙うことを断念した山上容疑者は、このビデオメッセージを見たことで「最も影響力のある統一協会シンパの一人」（ノンフィクションライター・米本和広氏への手紙）である安倍元首相が統一協会の後ろ盾になっていると思い、恨みを晴らす矛先を変えたのだ。繰り返すが銃撃殺害の犯行は断じて許されることではない。しかし安倍元首相を狙った動機や背景を探ることは必要であり、山上容疑者が矛先を変えたことには合理的動機がうかがわれる。茂木氏が、安倍元首相が祝賀ビデオメッセージを送ったことを「針小棒大」で「巨大な構図」があるかのような「勘違い」というのは、安倍元首相の統一協会とのつながりは些事であり、事を小さく見せようとする逆の「陰謀」というほかはない。

しかし当然のことだが、メディアや野党の追及は、銃撃事件の背景にある統一協会と安倍元首相や政治家とのつながりの構図の解明に向かった。ビデオメッセージを送ったことは、統一協会と接点があったあまたの国会議員の中でも安倍元首相が統一協会とのつながりが格別だったことを示している。

ビデオメッセージを送ったことを些細なこととする露骨な発言は、銃撃事件直後こそあったものの、さすがにこの事件の構図が見えるようになると鳴りを潜めた。しかし、自民党の国会議員からは、何の問題もないと言わんばかりの暴言が相次いだ。福田達也自民党総務会長(当時)は、多くの議員が統一協会と接点を持っていたことが明らかになってくると、「正直に言います。何が問題か、僕はよく分からない」(７月29日)と発言し、ＳＮＳは大炎上。大きな顰蹙《ひんしゅく》をかった。そればかりでない。二階俊博元幹事長からトンデモ発言が飛び出した。８月24日の講演の中でこう語った。

――電報を打ってくれと言われりゃ打つ。応援してやろうと言ってくれたら、よろしくお願いしますというのは、毎度ありがとうございますと商売人が言うのと同じ。応援してくれる人たちを選択する権利は無い。この人は良いとか悪いとか、瞬時に分かるわけがない。できるだけ気を付けてやったらいい。問題が分かった場合に見直していくということで良いんじゃないか。自民党はびくともしない。国葬やらないのは馬鹿。

まったく懲りない面々である。

18年7月1日、韓鶴子総裁を主賓に迎え、2万人の信者を集めて開かれた「日本宣教60周年記念2018神国日本家庭連合　希望前進2万名大会」(さいたまアリーナ)では、来賓として6人の国会議員(自民党5人、無所属1人)が参加し、2人が壇上から祝辞を述べた他、47人の国会議員から祝電が届いたことが紹介され、2人の祝電が読み上げられている(鈴木エイト・前掲書)。ビデオメッセージであろうが、祝電であろうが、政治家がイベントで挨拶することであろうがその効果について、全国弁連の川井康雄事務局長は次のようにいう。

――それを協会の機関誌などで喧伝《けんでん》します。信者からしたら『自分たちが信じていることはやっぱり正しいんだ』とお墨付きを与えることになります。信仰心がよりあつくなり、新しい信者を誘うモチベーションにつながります(「しんぶん赤旗」22年8月9日)。

という風に、祝電やメッセージを送ることは、「知らなかった」とか「瞬時に分かるわけがない」といった、言い逃れでは済まされない重大な問題をはらんでいる。

「注意した」ことと「ビデオメッセージ」を送った対応の落差

祝賀ビデオメッセージをめぐるもう一つの問題は、かつて統一協会のフロント組織の行事に祝電が送られていた際の安倍元首相の対応と、自らが昨年９月ＵＰＦへ送った祝賀ビデオメッセージとの大きな落差だ。

06年5月13日、ＵＰＦ祖国郷土還元日本大会に、当時の安倍氏は官房長官の肩書で「祝電」を送っていた。この大会は教祖・文鮮明との性交（「血分け」のこと。第5章で詳述）を象徴化した集団結婚式を兼ねて開かれた。「祝電をいただいた国会議員」として福岡や広島の会場で紹介されていた。その後、ＵＰＦは同じ大会を国内12カ所で開催。安倍氏は広島市での大会（同月14日）にも祝電を送り、福岡の大会には保岡興治元法務大臣の妻が出席していたことも、全国統一協会被害者「家族の会」の調べでわかっている。

この時は、全国弁連などの批判を受けて、安倍氏は事務所を通じ「私人としての立場で地元事務所から『官房長官』の肩書で祝電を送付したとの報告を受けている。誤解を招きかねない対応であるので、担当者にはよく注意した」（「しんぶん赤旗」06年6月25日）とのコメントを出している。

統一協会と安倍元首相とのつながりを掘り下げる姿勢がそれまで消極的だったＮＨＫは、8月29日放映された「クローズアップ現代」（「旧統一協会関連団体トップに問う　協会と政治、安倍元首相との関わり」）でようやく掘り下げる報道を始めた。その「関連団体トップ」とは、UPFの梶栗《かじくり》正義氏のことである。梶栗氏はその祝電について次のように解説してみせた。

――祝電を依頼したのは、あくまでも山口の安倍事務所の衆議院議員安倍晋三先生だった。地元事務所が「官房長官」の肩書きで祝電を送ったことへの注意喚起。官房長官のお立場で祝電を送るということは政府が関わったような印象を与えるので、それは気をつけなくてはいけない。

つまり「官房長官」という政府機関の肩書を使ったから誤解を招いた、衆議院議員安倍晋三で送るべきだったという意味で「担当者にはよく注意した」のだ。祝電を送ったこと自体がまずかったと言っているわけではない。

しかし一昨年（21年）9月UPFへ送った祝賀ビデオメッセージは、秘書が書いたテキストメッセージなどではなく、安倍元首相本人が顔出しており統一協会とのつながりがむき出しになった。このビデオメッセージを「安倍事務所が勝手に送った」とはまさか言えまい。06年5月の「担当者にはよく注意した」安倍の対応とは大きく変化していることが読み取れる。「注意した」立場を変え、堂々と祝賀ビデオメッセージを送るようになっているのだ。

この祝賀ビデオメッセージの内容は、先述したように統一協会の韓鶴子総裁に最大級の賛辞を述べているだけでなく、ビデオメッセージとしては異常に長い、5分間にわたり統一協会の主張に沿うように「平和世界論」が展開されている。統一協会側と綿密に打ち合わせて作成されていることがうかがわれる。安倍元首相はどういう経過でこの祝賀ビデオメッセージを寄せたのか。

綿密に打ち合わせた祝賀ビデオメッセージ

そのジグゾーパズルのピースを埋めるファクトが明らかにされた。安倍元首相がＵＰＦに送ったビデオメッセージは、統一協会と綿密に打ち合わせのうえ準備されていた――安倍元首相は茂木健一郎氏が言うような「些事」で送ったものではなかったのだ。

ジャーナリストの鈴木エイト氏が、独自に入手した統一協会のフロント組織「勝共連合」会長が安倍元首相との〝ビデオ出演〟交渉の裏話の映像を公表した（７月30日「Ｙａｈｏｏ！ニュース」）。鈴木氏はまず入手した動画がどういうものであるかを説明している。

――今回、筆者（鈴木エイト）が入手した映像は、21年10月17日に統一協会松濤本部・渋谷協会で行われた梶栗正義・ＵＰＦ―Ｊａｐａｎ議長・国際勝共連合会長による日曜礼拝の説教「神のかたち」を収めたものだ。この映像の中で梶栗氏は、ひと月前の９月12日に韓国で開かれた「希望前進大会」に安倍氏がビデオ登壇した裏側を明かしていた。

21年10月17日といえば、安倍元首相がUPFのイベントへ例の祝賀ビデオメッセージを送った1カ月後のことである。「9月12日に韓国で開かれた『希望前進大会』」というのは、そのイベントの正式名称が「神統一韓国のためのTHINK　TANK2022　希望前進大会」（UPFのWEB集会）だった。

――説教の冒頭、「去る9月12日の希望前進大会においてとんでもないサプライズがあった」と切り出した梶栗氏。彼は統一協会や国際勝共連合の会長を歴任した故梶栗玄太郎氏の長男で、UPF―Japan議長の他、国際勝共連合や世界平和連合の会長を兼任するエリート2世幹部だ。

鈴木氏はこの記事の最後でこの梶栗正義氏について「教団のトップは、表向き事件後に会見を開いた田中富広会長とされているが、筆者は最高幹部2世である梶栗氏が実質的なトップとみている」とコメント。その統一協会の実力者である梶栗氏が、安倍元首相がUPFの「希望前進大会」に祝賀ビデオメッセージ送ることが決まる前、「元首相3人へもオファー」していたという。

――「実際に9月12日以降、私たちは今後の信頼関係を守るためにいろいろと気を遣うのですが……」としながら、梶栗氏は本題に入った。

昨年夏ころ、各国首脳クラスのブッキング（予約）が決まる中、梶栗氏は日本からの登壇者が中々決まらずストレスを感じていたとしてこう明かす。

「私とてアプローチをいくつかしておりまして、その難しさをずっとお伝え申し上げている。ただ、決まらないものだから、どういうトーンになってくるかというと、日本においてそれを成すことがいかに難しいかという言い訳じみた報告になっているわけですよ」

元首相３人へのオファーしたものの、そのうちのひとつの事務所からはこう告げられたという。

「宗教団体のフロント組織でしょ？」

「結局あなたたちはわたくしどもの先生を宣伝材料に使いたいだけでしょ？　利用したいだけでしょ？　あなたたちに利することがあって私どもの先生に利することはいったい何があるんですか？　ＵＰＦと言ったってそんなのは家庭連合・宗教団体のフロント組織でしょ？」

フロント組織を隠れ蓑に政治家を広告塔として布教活動に利用してきた旧統一協会に対する厳しい批判だが、このことを梶栗氏が教団幹部に告げたところ、その幹部から返ってきたのは、「実際その通りだしな」という言葉だったと明かしている。

けっきょく３人の元首相経験者からは断られたものの、世界宣教本部の尹煐鎬《ユンヨンホ》本部長から、トランプ前大統領の出演が決まったことを告げられたうえで、「例の取り組み」を始めるよう指示される。その「例の取り組み」こそ、安倍氏のブッキングだった。

ビデオメッセージ登場を依頼した3人の首相経験者側からは、広告塔として使われることが見破られ断られた。しかし安倍元首相にトランプ大統領のビデオ出演が決まったと告げれば、ビデオ出演は取り付けると担当者に指示したというのだ。安倍元首相はトランプ大統領と盟友関係を誇っていた。

——梶栗氏は、安倍氏との間に「ずっと温めてきた信頼関係」があると誇ってみせる。実は昨年春、安倍氏との間でこんなやりとりをしていたという。

梶栗「これ先生、もしトランプがやるということになったら、やっていただかなくちゃいけないが、どうか」

安倍「ああ、それなら自分も出なくちゃいけない」

梶栗氏は、韓総裁に手紙でこのやり取りを伝えていたため、尹本部長から指示されたのだ。梶栗氏は再度説得に動き、8月末に安倍事務所から「やりましょう」との承諾を得た。そして撮影は9月7日に決まる。

実際このUPFのイベントにはトランプ元大統領がビデオメッセージを寄せている。トランプ元大統領が演説のビデオを寄せているのは、アメリカでも共和党右派が伝統的に統一協会と結びついていたことによる。それにしても3人の元首相経験者が誰か氏名は明言されていないが、存命中の領袖に限られているから絞られてくる。その3人の首相経験者が統一協会やそのフロント組織とは距離を置こうとしたのに、安倍元首相は祝賀ビデオメッセージを送った。

安倍元首相が統一協会のスタジオに出向き撮影

日本共産党国会議員団「旧統一協会問題追及チーム」第３回会合（８月４日開催）のヒアリングに招かれた鈴木エイト氏は、そのビデオメッセージが収録された経緯を次のように説明した。

――ＵＰＦの希望前進大会へのメッセージは、安倍元首相があたかも登壇しているかのように見えるが、ウェブ上の演出だ。このビデオメッセージは統一協会の撮影クルーが議員会館へ行って撮影したものではなく、安倍元首相がわざわざ統一協会の撮影スタジオへ行って撮られたものだ。その撮影場所がどこかもある程度特定されている。その録画されたビデオがリモートで登壇しているのです。

この証言によってもこのビデオメッセージが付き合い程度の「些事」で作成されたものではなく、用意周到に準備されていることが明らかである。再び「安倍元首相との〝ビデオ出演〟交渉の裏話の映像を公表した」鈴木氏の記事に戻る。

——元首相をブッキングした梶栗氏の自慢話は止まらない。

「あの皆さん、（安倍氏が講演で）語られた内容、覚えてますか？　本当に立派な内容を語られたんですよ。そこでね、言わんとされているのは、本当に私（安倍氏）が信頼し、ともに日本の再建のために信頼して一緒にできる団体はどこか、というね。こういう角度から私たちに対する信頼を深めてきたと」

「この8年弱の政権下にあって6度の国政選挙において私たちが示した誠意というものも、ちゃんと本人（安倍氏）が記憶していた。こういう背景がございました」

この動画の記事から、「この8年弱の政権下にあって6度の国政選挙において私たちが示した誠意」――すなわち自民党の候補者を支援したことを安倍元首相がちゃんと覚えていて、（他の3人の首相経験者には断られたが）その見返りとして祝賀のビデオメッセージの作成に応じてくれたと述べているのだ。安倍元首相は選挙支援の返礼をしなければと考えたからこそ撮影に応じた。だから統一協会側と内容までよく示し合わせて準備、作成され「立派な内容」に演出されたのだ。事実上の〝合作〟である。

しかし自ら出演したビデオメッセージが、山上容疑者（＝統一協会の被害者）に見られることで殺意を抱かれ、自らの命を失うことになるとは、安倍元首相もよもや思わなかっただろう。

安倍元首相がＵＰＦに祝賀ビデオメッセージを送っていたことをつかんだ全国弁連は、同月17日、安倍元首相に公開質問状を送った。

「衆議院議員安倍晋三先生へ」と題する公開質問状は「旧統一協会やその正体を隠した各種イベントに参加したり、賛同メッセージを送らないで下さい。結果として信者らの反社会的行動をあおることになります」と呼びかけ、被害者の立場に立った丁寧なものだった。その一部を掲げておきたい。

――４、ところが、本年９月12日、韓国の統一協会施設から全世界に配信された統一協会のフロント組織である天宙平和連合（ＵＰＦ）主催の「神統一韓国のためのＴＨＩＮＫ ＴＡＮＫ２０２２希望前進大会」と称するＷＥＢ集会において、安倍晋三前内閣総理大臣の基調演説が発信される事態が生じました。これを統一協会が広く宣伝に使うことは必至です。上記要望書の要望を全く無視したものというほかなく、当連絡会としては深く失望し、今後の被害の拡大に強く憂慮しております。

安倍先生が、日本国内で多くの市民に深刻な被害をもたらし、家庭崩壊、人生破壊を生じさせてきた統一協会の現教祖である韓鶴子総裁（文鮮明前教祖の未亡人）を始めとしてＵＰＦつまり統一協会の幹部・関係者に対し、「敬意を表します」と述べたことが、今後日本社会に深刻な悪影響をもたらすことを是非ご認識いただきたいと存じます。

５、安倍先生が今後も政治家として活動される上で、統一協会やそのフロント組織と連携し、このようなイベントに協力、賛助することは決して得策ではありません。是非とも今回のような行動を繰り返されることのないよう、安倍先生の名誉のためにも慎重にお考えいただきますよう強く申し入れます。また、事の重大性に鑑み、公開抗議文として送付するとともに抗議文を公開させていただく次第です。

あわせて、今回のＵＰＦのＷＥＢ集会の基調演説のビデオメッセージを提供された経緯について明確なご説明をいただきますようお願いします。

本書面に対する回答は、下記にお願い致します。


この公開質問状に安倍晋三氏側が真摯な回答をしておれば、そしてその回答を山上容疑者の目に触れることがあったら、山上容疑者は銃撃を思いとどまっていたかもしれない。しかし安倍事務所は受け取りすら拒否した。

被害者とその家族がいることが見えていなかった

鈴木エイト氏は、安倍元首相が出演するこのビデオメッセージが撮られたことは衝撃だったという。どういうことなのか？　このビデオメッセージは単なる祝辞ではなく、統一協会の開祖・文鮮明の後継韓鶴子総裁を最大級の賛辞でほめ上げた内容であり、安倍元首相が顔出ししたビデオメッセージが公開されれば旧統一協会とのっぴきならない関係がオープンになるからだ。06年5月13日、ＵＰＦが開いた大会に官房長官の肩書きで安倍が出したメッセージの時には、当時の安倍氏は「担当者にはよく注意した」と言明した。そう言わざるを得ないほど、統一協会は反社会的教団として知れ渡っていた。そういう統一協会とつながりがあることを大っぴらにすることははばかられたのだ。

鈴木氏はそれまで安倍元首相が統一協会と関係があるという痕跡はあったが決定的な証拠はなかったという。このビデオメッセージが公開されることによって、安倍元首相は統一協会との濃密な関係があからさまになり一線を超えるのだ。そうであっても、ビデオメッセージを出したのは、安倍元首相は自分の政治生命、自分の選挙、自民党の選挙で何かダメージを受けることはないと判断したことになる。ただし安倍元首相側はビデオメッセージの公開はその時だけ、翌日からは配信しないという条件が付けられたが。

限定公開だったとはいえ、このビデオメッセージを見た山上容疑者は、恨みがある統一協会を後押しする安倍元首相を成敗しようと思い、殺意を持つに至る。鈴木氏はこのヒアリングの中で「安倍さんは政治生命は失われなかったかもしれないが、結果としてこんな（無様な）形で命を失うことになった」「（統一協会による多くの）被害者がいる。その背後に家族がいる。そのことが見えていなかった。見えていても軽視していた」と被害者の存在に力を込めた。

鈴木氏は若い頃街頭でバンド活動をしていた経歴がある。原理研究会（統一協会のフロント組織）が街角で勧誘している場面に遭遇した彼は、割って入り食い止めようとした。「仕事帰りにほぼ毎日、渋谷や新宿などに行き、偽装勧誘を見つけては、『これ、統一協会の勧誘だよ』と声をかけていた。信者に自宅まで尾行されたり、殴られたり……。施設に乗り込んで勧誘されていた八人を救出したこともある」（「週刊文春」22年８月11号）。

そのことがきっかけでジャーナリストの道に進み、統一協会の取材をはじめた。そういう熱血漢であるだけに鈴木氏の発言は重みがある。
そして鈴木氏はヒアリングを次のように締めくくった。

——統一協会の被害者である山上容疑者が引き起こした銃撃事件によって、旧統一協会の被害者の存在が改めて顕在化された。全国霊感商法対策弁護士連絡会はこの事件直後の記者会見の声明で「その献金・勧誘行為や信者獲得手法について繰り返し違法である旨の判決が下されている統一協会やそのダミー組織の活動について支持するような行動は厳に慎んで頂きたい」と述べただけでなく、折に触れて政治家が支援することはもちろん、反社会的カルト教団を取り締まるよう声を上げてきたにもかかわらず、長年野放しにし、統一協会の被害者をケアすることをしてこなかったことが、こういう事件を引き起こしてしまった。山上容疑者は法にのっとり処罰されるべきである。それとは別にこういう事件に至る経過をちゃんと検証しないとまた同じことが起きてしまう。政治に一番やって欲しいのは被害者の救済だ。山上容疑者のような予備軍は他にいる。

では、統一協会の被害がどんな規模だったか。全国弁連がまとめた資料によると、全国にある弁護団に寄せられた相談件数は1987年～21年で2万8236件。被害総額は約1181億円。これに消費者センターが18年までに集計した相談件数・被害総額を合わせると、相談件数が3万4537件、被害総額が1237億円と、巨大な被害の実態がある。同会の紀藤正樹弁護士は、「1237億円という被害額は、被害の一部だ」と指摘。「一般的に消費者相談の窓口が十分に機能していれば10分の1ぐらいが統計に表れる。機能していなければ100分の1と言われる。仮に10分の1だとしても、1兆円を超える被害が過去に起きていることになる。隠れた相談件数を10倍と見たら34万人。その周りに家族もいるから、さらに3〜4倍と考えればゆうに100万人以上の被害者が過去に面々と見えない形で埋まっている。その救済が精神的にも経済的にもできていないことが事件の一端にあるのではないか」（「しんぶん赤旗」7月21日付）。

被害金額が巨額であるばかりでなく被害者も多数だ。そして次章で見るように被害者の実態は深刻である。こんな大きな被害を及ぼした反社会的教団がなぜ野放しにされたのはなぜか。ここに迫らなければならない。

文鮮明没後10周年イベントで安倍元首相を追悼・献花

8月12日放映された日本テレビ系「情報ライブ　ミヤネ屋」で、ソウル蚕室にあるロッテホテルワールドで行われた統一協会関連団体の大規模イベント「サミット2022&リーダーシップカンファレンス」初日、安倍元首相の追悼献花式の模様が実況中継された。この実況中継には全国弁連の紀藤正樹弁護士と鈴木エイト氏がスタジオにゲスト出演。イベントの開会式の冒頭、韓鶴子統一協会総裁の代理なる人物が「この7月8日不慮の死を遂げられた偉大な平和指導者の安倍元・首相に哀悼を表し、きょうここに参加された皆様、指導者と共に哀悼の時間を持ちたいと思います」と挨拶。この代理なる人物こそ、韓鶴子総裁の寵愛を受け、高齢の総裁に代わって統一協会（世界平和統一家庭連合）の実権を握りつつある尹煐鎬《ユンヨンホ》である。

このイベントは統一協会の開祖・文鮮明が死去後10年のイベントとして予定されていたもので、世界から1000人以上が招待されたという。番組のナレーターは「安倍元首相の写真が巨大スクリーンに映し出され、献花式を執り行う様子は旧統一協会と生前の安倍元首相との密接な関係を、否が応でも漂わせた」とコメント。19年9月のイベントに安倍元首相がビデオメッセージを送った時と同じように、トランプ元米大統領が寄せた弔辞が大型スクリーンに映し出された。世界平和統一家庭連合の田中会長が8月10日の外国人特派員協会での記者会見で言い切った「特定の政党、政治家と関係を持つことはありません」のフレーズが、大々的なこの追悼献花式によって見え透いたウソだったことが白日の下にさらされた。紀藤正樹弁護士は「批判が高まっているので、統一協会は焦っている。信者の動揺を抑えるために追悼式を急きょ組まれたものと思われる」とコメント。安倍元首相は亡くなってからも統一協会の広告塔として利用されていることを示すものだ。

それにしても一流ホテルのワンフロアーを5日間借り上げたイベント。招待費用を含めその費用は膨大と思われる。その資金源が霊感商法や日本の信者から高額献金をむしり取り、韓国に送金されたお金だと思うと心が痛む。

安倍元首相のメッセージはこれにとどまらない。今年（22年）2月13日、UPFの「ワールドサミット2022」にもメッセージを寄せている。代読された文章には、相変わらず韓鶴子総裁への歯が浮くような賛美が盛られている。

――「UPF創設者である韓鶴子博士に深い感謝と敬意を評したい」（「週刊文春」10月6日号「安倍晋三『光と影』」）。

安倍元首相と統一協会との深いつながりを示すものはまだある。韓国の統一協会が、テレビ番組に反論した声明のなかで、安倍晋三元首相の死去に対し、「崇高なる犠牲を家庭連合は忘れない」として「深い哀悼の意」を表明していた。この声明は9月7日に発表され、韓国の主要日刊紙である朝鮮日報、東亜日報、中央日報、ハンギョレ、韓国日報などに全面を使って掲載された（「しんぶん赤旗」9月26日）。

第3章

高額献金で破産、山上容疑者宅家庭崩壊のリアル

安倍元首相銃撃事件で加害者の山上徹也容疑者に関心が集まった。通常、凶悪な罪を犯した加害者に憎悪の眼差しが向けられ、被害者には同情の眼差しが寄せられる。ところが今回は逆転現象が起きている。

奈良地検は山上容疑者の刑事責任能力を問えるかどうか精神鑑定するために、大阪市内の大阪拘置所に長期間留置されている。地検は鑑定結果刑事責任を問えるとして山上容疑者を殺人容疑で起訴する方針と報じられている。山上容疑者の伯父によると、大阪拘置所には、現金書留のほか、主にオンラインで差し入れできる専門店のサービスを通じ、山上容疑者あてに食料品や衣類、書籍などの差し入れが次々と届けられている。拘置所に収容しきれないほどの量となり、菓子類を中心に段ボールで伯父宅に複数回転送されてきているという。

また、インターネットの署名サイト「Change.org」では、山上容疑者の減刑を求める署名活動も展開されており、12月末現在1万人を超える署名が集まっている。

それは、統一協会の熱心な信者だった母親が高額献金で一家破産し、悲惨な家庭崩壊に置かれた山上容疑者の生育環境が、あまりにも壮絶な困窮であったことへの同情である。

統一協会にのめり込んだ山上容疑者の母

統一協会に入信した山上容疑者の母は1億円を超える献金を協会に貢ぎ、一家破産、家庭崩壊したことはよく知られている。山上容疑者が統一協会に恨みを募らせた動機は想像を絶する家庭崩壊だった。その困窮をもたらした統一協会を安倍元首相が後ろ盾していたことが山上容疑者の銃撃動機になっていることはこれまでに触れた。

ジャーナリストの鈴木エイト氏は、「たくさんの統一協会の被害者がいることを知らなかったり、知っていても軽視してきた」「こういう事件に至る経過をちゃんと検証しないとまた同じことが起きてしまう。政治に一番やって欲しいのは被害者の救済だ」「山上容疑者のような予備軍は他にいる」と機会あるごとに力を込めて発言している。山上容疑者の蛮行は決して許せないし、第2の山上容疑者を出してはならない。ここで山上容疑者一家の壮絶な困窮のリアルを追っておきたい。

山上一家の困窮状態を知るキーマンは、一家をサポートしてきた山上容疑者の伯父である。山上容疑者が幼い頃自死した父の兄で弁護士である。

その伯父を取材した「週刊新潮」（7月21日号／安倍＝統一協会　歪んだ憎悪）や、「文藝春秋」（22年9月号／安倍元首相暗殺と統一協会②山上家の悲劇）、弁護士ドットコム「弁護士だった山上容疑者のおじ、統一協会とどう対峙したのか　最後の仕事を語る」（9月1日）によって困窮を極めたリアルを後付けておきたい。

山上容疑者の母は祖父（山上容疑者の母の父）が営む建設会社に勤める父と結婚、3人の子供をもうけたが、父は若くして自死する。山上容疑者が4歳の時のことである。伯父は弟（山上容疑者の父）の死について次のように証言している。

――弟が死ぬ直前の一、二年はトンネルを掘るためにずっと山の中で生活するハードな日々でした。裏金の飛び交うゼネコン業界は研究者気質のあいつには耐え難かった。過労で鬱とアルコール中毒の混ざった状況でね。なくなる数カ月前、様子を見に行ったら、完全に寝たきりでした（文藝春秋）。

東大阪のビルの屋上から身を投げたのは84年12月。32歳の若さだった。山上容疑者の妹を妊っていた母親は、一家心中まで考えていたという。父を亡くした一家は奈良市内の祖父宅に身を寄せる。年が明けて山上容疑者の妹が生まれた。伯父は父がいなくなった山上家に毎月5万円、生活費の支援を始める。山上家にさらに不幸が待ち受ける。妹がまだ1歳にもならない頃、山上容疑者の兄に小児がんが見つかったのだ。

――徹也の兄は小児がんを患っていて、手術もしています。（抗がん剤の副作用で）片目も失明しており。普段の生活にも苦労していました（週刊新潮）。

そんな折、母親に声をかけたのが統一協会だった。

――（徹也の）父が亡くなり、兄も病気でした。そうしたことがきっかけになり、（父が亡くなってずいぶん経ってから、母は統一協会に入信したんです（週刊新潮）。

伯父によれば山上容疑者の母親が入信したのは91年とされる。入信して間もなく多額の献金を始めたと伯父は証言する。

――入会とほぼ同時に二千万円。その後すぐに三千万円。さらに三年後くらいに現金で一千万円。これらの原資は弟（徹也の父）の保険金、命の代償ですよね（文藝春秋）。

ここで母親の献金ぶりについて山上容疑者の母親と同じ統一協会の奈良教区に所属していた60代男性の証言を紹介しておきたい。

――当時奈良県には二百五十人ほどの信者がいましたが。彼女の献金額はトップクラスでした。一千万円くらい献金すると女性信者が褒めそやすんです。「あの方は素晴らしい」「あの方は三千万円よ」。それで自分も頑張ろうとなるわけです（文藝春秋）。

母親は熱心な信者となり、たびたび徹也容疑者や兄妹を置いて、長期に渡り渡韓するようになる。

――子供たちはその間、食べるもんがなかったんですよ。だって、母親が日本におらんかったからね。自分は韓国に行き、ずっとほっておいた。ネグレクトどころではない。もっとひどい状態です。兄は病気で自分で食事を作ることもできない。その兄が電話をかけてきて、〝食べるものがない〟と。お金を持って行ってあげたりしました。すると、冷蔵庫の中には食料がまるでないんですわ……（週刊新潮）。

――母親は02年に自己破産し、サラ金にも手を出し始めていた。04年に徹也の兄からSOSがあって、家に行くと冷蔵庫は空っぽ。電気代も家賃も滞納しており、当座として10万円を渡した。妻と持参した寿司と缶詰にかぶりつくように食べていた（弁護士ドットコム）。

そんな酷い家庭環境だったが、徹也は地元の公立中学へ進学し、学業成績も優秀で高校は県内でも有数の進学校へ進学。応援団と文芸部に所属し、生活の苦労を周囲に吐露することはなかったという。

山上容疑者の母親は祖父（母親の父）が営んでいた建設会社の代表を引き継ぐとまもなく、会社保有の不動産や自分が相続した不動産などを一気に売却をし始めた。

――自宅の売却で二千万円、建設会社の事業所の売却で二千万円。ほかにも弟がもっていたゴルフ会員権などもすべて売り払った。ぜんぶ合わせたら一億円以上、統一協会に献金してしまったわけです（文藝春秋）。

98年、山上容疑者が高校3年の秋に、祖父はその怒りゆえか、心臓発作を起こし亡くなる。一家は奈良市内の賃貸マンションへ引っ越すことになる。

それだけではない。祖父の死後、90年代には業績好調だった建設会社が02年には破産。母親自身も自己破産する。その年、大学進学を断念した徹也は伯父から経済的支援を受けて専門学校を出る。任期自衛官として海上自衛隊に入隊するも任期途中の05年に自殺を図る。自殺を図ったきっかけは統一協会に入れ込み、家庭を顧みない母親の悩みだとされる。

――徹也は時折実家には帰っていたから、困窮ぶりを妹から聞いたんだろう。自分が死んで兄と妹に保険金を残したかったと海自にも説明したようだ（弁護士ドットコム）。

――呉から伊丹の病院に搬送された山上のもとを伯父と兄は訪れたが、母は来なかった。彼女は韓国にいて修練の期間中だった。ようやく連絡がついても、「まだ帰れない」という返事だった（文藝春秋）。

山上容疑者は一命を取り留めたものの、このことがきっかけで海上自衛隊を退官してしまう。退官後は職を転々。さらなる家族の断絶を招いたのが一つ年上の兄の死である。病気を苦に徹也が仲良くしていた兄が自殺したのだ。

――葬儀に親族が集まる中、山上容疑者は人目をはばからず嗚咽し、兄の亡骸に叫んだ。
「兄ちゃん、なんで死んだんや。生きていたら、なんとなるやないか」（文藝春秋）。
この間、徹也の胸の内で統一協会への恨みをたぎらせていく。伯父は言う。

――そりゃあ、統一協会憎しになりますよ。（寄付として家から）持って行かれてしまったのが、1億数千万円はある。私はね、（徹也を含む）3人の甥と姪の依頼でそのうち5000万円を統一協会と交渉して09年に取り返したんですよ。訴訟みたいなトロい手段でなくて、直接ね。しかも、教団との間で交わした和解書もあります。でも、取り返した金を母親に戻すと、また、そのまま寄付してしまうんです（週刊新潮）。

伯父は弁護士である。だから5000万円を直接交渉で取り戻せたのかも知れない。伯父は今回、凶行に及んだ山上容疑者の思いをこう代弁する。

――（徹也は）生活だけではなくて、（悩んで自殺を図り）命まで奪われかけた。普通に見たら、母が統一協会に収めた金が安倍に流れていると、そうなりますわな。生活が苦しいときに私が母親に送っていた生活資金だって全部、協会に流れている。統一協会の言っていることなんて全部出鱈目ですから。全部ね（週刊新潮）。

伯父は元首相を射殺した凶悪犯をかばい、その遠因を作った母を匿う。なぜ1億円を超えるような高額の献金をするのか、一般には信じがたく不思議でさえある。しかし統一協会の中では5000万円とか、1億円を超えるような高額献金者はたくさんいるという。有田芳生氏は語る。

――統一協会の内部文書によると2011年で911人いる。統一協会の中では、〝高度危険者〟と呼ばれている。そういう信者たちから「お金を返せ」と言われないよう、統一協会側は〝高度危険者〟に頻繁に接触をはかっている（武蔵野政治塾第2回セッション「有田芳生×前川喜平　旧統一協会と政治家―憲法改正や平和について考える」）。

高額献金した信者を〝高度危険者〟と呼ぶとはなんという酷い呼び方か。しかし統一協会にとっては〝返金〟を求められることほど厄介なことはない。〝高度危険者〟の山上容疑者の母親は、事件後しばらく伯父の家に身を寄せていたが、現在は母親が〝心変わり〟しないよう、統一協会が匿っている。また、統一協会は信者に対し「返金を請求しない」とする念書を9月に署名させていた（12月5日、野党国対ヒャリング）。

有田芳生氏は続けて言う。

――そういう高額の献金をできない信者は、カード摂理――カードでお金を借りて献金させる。そして破産していった信者がたくさんいる（同前）。

摂理とは、統一協会の教えを広めることを指す。カードで借金させ、破産させてでも献金を続けさせる――統一協会がいかに金むしりのカルト教団であるかがここからも見えてくる。

山上容疑者の恨みは歪んでいるか

信者2世である山上容疑者の境遇はあまりにも過酷であり悲惨である。この山上容疑者の境遇を知って筆者は二つのことを考える。

一つは山上容疑者が抱いた恨みは果たして歪んでいるか。もう一つは統一協会といえば反社会的霊感商法が知られていたが、それまで一般にあまり知られていなかった統一協会の高額献金の実態が明るみに出たことだ。なぜこれほどまでに高額の献金が行われているのか？

まず山上容疑者の恨みが歪んでいるかについて。

山上徹也容疑者のこの境遇を知れば、統一協会に憎しみを抱くようになったのは極自然である。そして前章で見たように、安倍元首相がそのフロント団体のイベントに祝賀ビデオメッセージを送ったことを知れば、安倍元首相に恨みの矛先を向けたのも合理的プロセスがある。むろん繰り返すが銃撃・殺害したことは決して許されることではない。

ジャーナリストの柿田睦夫氏は「容疑者にとっては家の財産を失ったことに加えて、母親の人格を破壊されたことが非常につらかっただろう」「もし、そのときに、全国霊感商法対策弁護士連絡会（全国弁連）や被害者家族の会、統一協会の救出カウンセリングをしている牧師さんたちのグループと出会っていたら、彼の怒りと恨みは、違う方向に行っていたのだろう、今回のような犯罪までに至らなかったのではないか」（「統一協会の正体・本質は何か」――「前衛」22年10月号）と述べている。恨みをもったことと銃撃・殺害したこととは区別して考えるべきである。

事件直後に山上容疑者が統一協会や安倍元首相を狙ったのは逆恨みだとか、ゆがんだ恨みという報道があった。「毎日新聞」（7月15日）には1面トップで横の見出しに「旧統一協会に献金1億円母破算」、縦の大見出しに「一家崩壊　ゆがんだ恨み」が付いた。本文に「母親が宗教団体にのめり込んで破産した。家庭をめちゃくちゃにした団体を、安倍氏が国内に広めたと思って狙った」という記述がある。

この文面から安倍元首相が恨みを募らせていた統一協会の後ろ盾になっていると思って狙ったことを〝歪んでいる〟と読み取れる。果たしてそうなのか。山上容疑者はルポライターに送った、先出の手紙で「（統一協会は）私の一生を歪ませ続けた」と心情を吐露している。これだけ過酷な悲惨な家庭環境をもたらした統一協会に恨みを募らせたのはある意味、極めて人間的な感情の発露である。もし山上容疑者がその統一協会に恨みを持たなかったらそれこそおかしい。そしてその統一協会の後ろ盾になっている安倍元首相に恨みを向けたのも合理性がある。人間は殺したいと思うほどに恨みをもつことはありうる。しかし普通は思いとどまる。恨みをもつことと銃撃・殺人とは同義語ではない。だから山上容疑者が抱いた恨みは決して歪んでいない。繰り返すが山上容疑者は一線を越え、殺人という犯罪を行い、決して許せることではない。ちゃんと裁きを受け償ってほしいが、恨みの矛先を安倍元首相に向けたことを〝歪んでいる〟とするなら酷である。

「反社会的」にとどまらない「詐欺集団」「犯罪集団」

次に異常な高額献金ついて。山上容疑者の母親が1億円以上統一協会へ献金したことも驚きだったが、そのクラスの事例が、筆者の住む大阪の身近なところでもあった。宮本岳志衆議院議員と辰巳孝太郎元参議院議員に体験を語った大阪府内在住のAさんのケースだ。統一協会（世界平和統一家庭連合）の霊感商法の被害にあったのをきっかけに、記録してあるものだけでも、献金総額は15年余りで1億7千万円に上るという（「大阪民主新報」8月23日）。

ところが億の単位を1桁上回る高額献金をしていた事例が明らかになった。日本共産党国会議員団「統一協会問題追及チーム」のヒアリングで、共産党元三鷹市議の岩田康男氏は、東京・三鷹市内の農家が統一協会へ55億円という高額献金の被害者となったと証言している（「しんぶん赤旗」8月24日）。

――岩田氏は、92年ごろ、東京・三鷹市内の農家が統一協会へ55億円にもおよぶ献金の被害者となった問題を紹介。これらの経緯について「(被害が起こる)数年前、三鷹に勝共連合三鷹支部ができた。ある自民党の総支部長が自宅の敷地の中に、40～50人集まれる2階建てのプレハブを建て、そこで勝共連合活動を始めた」と説明しました。同連合の事務局員は統一協会から派遣されていたことも後に判明したといいます。

事務局員は会報の配布や会費の集金をしながら、地域に住む人々の個人的な実情などの情報を集めリスト化。

この情報をもとに他の担当者が壺・印鑑を売りにいくというシステムがつくられていった実態があったと語りました。

その後、「土地を担保に献金させることに手をつけ始めた」と説明。土地を本人名義で所有しているかなどのリストのほか、所有者に献金させるための手法や手順が示されたサミットゲスト表と呼ばれるマニュアルも存在していたと指摘しました。

岩田氏は92年の市議会で統一協会問題を取り上げ、市議会最終日に「霊感商法など悪質な訪問販売による被害防止策の抜本強化を求める意見書」を提出。全会一致で採択され、首相と関係閣僚に送ったといいます。「共産党市議団が問題提起しただけではなく、市議会として統一協会を名指しで対策の必要性を国に訴えた。それぐらい保守の人たちも危機感を感じていた」と振り返りました。

なんと自民党の総支部長宅の敷地で大型プレハブを勝共連合（統一協会の政治部門フロント

組織）に提供し、そこを根城に活動していたというのだ。まるで自民党と統一協会は一心同体である。勝共連合の活動家が農家に食い込み、土地を担保にして55億円もの献金を強いたのだ。岩田氏は結論として「統一協会、勝共連合の活動は実に悪質な活動。悪徳商法で詐欺集団だ」と強調。その理由について「宗教を隠れみのにしている。若者を活動に取り込むのに宗教は有効だ。宗教法人は行政がチェックしにくい」「反共を売り物にして保守層と癒着する。保守層と癒着するために反共を利用している」と指摘した。

チーム責任者の小池晃氏は「地域の資産家を調べ、そこに狙いを定め、ルーツをたどっていくという非常にシステマチックな形だ。『反社会的』にとどまらない犯罪集団だという実態がよくわかる」と強調。「統一協会の反社会的な霊感商法、高額献金という面。もう一つ、表裏一体で国際勝共連合をつくり反共・反動の先兵となった。そこに保守層・自民党から見ると利用価値があった。その反共・反動が霊感商法などの反社会的な行動を広げる上でのお墨付きを与える役割を果たした。この二つの側面を見ていく必要がある」と語る。

「犯罪集団」という特徴付けは本質を突いている。統一協会は反社会的宗教団体どころではない。狂信的カルト犯罪集団であり、これだけでも宗教法人法に基づき解散する根拠は十分ある。

第4章

政治的圧力〝100%〟「世界平和統一家庭連合」への名称変更

第1章で触れたようにメッセージを送ることは些事とする発言が相次いだが、当然のことのようにメディアの報道の軸足や世論は旧統一協会と安倍元首相や政治家とのつながりの追及に向かった。

その焦点の一つに、統一協会が世界平和統一家庭連合へ名称変更されたことが、統一協会の反社会的活動の隠れ蓑になったのではないか、という疑惑が浮かび上がった。自民党が所属議員の自主申告による点検結果（9月8日）では、教団関連の団体の会合に出席し、あいさつした議員のうち9割近くが統一協会との関連を知らなかったと回答している。名称変更の効果があったのだ。この時期にどういう経緯で名称変更が行われたのか。

名称変更されたのは安倍政権下の15年8月、民主党政権下で野党暮らしをしていた自民党が12年12月政権に復帰してから3年後のことである。

統一協会が文部科学省の外局・文化庁宗務課へ、その正式名称「世界基督教統一心霊協会」から「世界平和統一家庭連合」へ名称変更の相談を持ちかけたのは97年のことである。その際対応したのが宗務課長を務めていた前川喜平氏である。翌98年4月28日、木島日出夫衆議院議員（共産党）が統一協会に関する質問した際、政府の説明員として答弁に立ったのも前川氏である。それから18年後の15年6月、文科省審議官に昇進していた前川氏は、文化庁の宗務課長から名称変更の認証を行いたい旨意見を求められた際にも反対意見を述べている。一貫して統一協会の名称変更に反対してきたキーマンである。統一協会の名称変更をめぐってポイント、ポイントで関わっている前川氏の証言は一貫性があり、リアリティに富み説得力がある。

どういう根拠で名称変更をしないと判断し、名称変更に反対を貫いたのか、そして18年間守られてきた前例がなぜ突然くつがえされたのか、その経過を検証しておきたい。

「実態が変わらないのに、名称を変えることはできない」

安倍元首相銃撃事件後、統一協会の名称変更に関わって前川氏がまとまった証言をしたのは、7月22日付「日刊ゲンダイ」においてである。この記事で97年、統一協会から〝名称変更のための規則変更を認証したい〟という相談が来た際の対応を以下のように証言している。分かりやすくするために筆者のコメントと整理を節々で入れておきたい。

——宗教法人と文化庁の関係は「監督庁」ではなく、「所轄庁」。憲法が保障する「信教の自由」に関わる業務なので、権力的な関与は行わないという建前があるためです。「認証」は事実を認定する行為を指し、「許可」や「認可」とは性質が異なります。宗教法人法は原則、要件を満たした宗教団体にはすべて法人格を与えるとの考え方に立っている。ですから、宗教団体であるという事実を確認する作業が認証なのです。

宗教法人法は原則、要件を満たした宗教団体には宗教法人として認証することになっている。この面だけをみれば宗教法人法は裁量も権限もない手続法ともいえる。ただし、後で触れるように問題がある場合、宗教法人法は審議会に諮問し宗教法人として認証しないことも想定されている。

――僕が文部省の外局である文化庁の宗務課長に異動した97年、統一協会が「世界基督教統一神霊協会」から「世界平和統一家庭連合」に名称を変更したいと認証を求めてきた。「事前相談」があったのです。

手続き上の説明をすると、認証の対象は宗教法人の規則です。社団法人などで言えば、定款にあたるもの。宗教法人の規則の中に必ず名称を記さなければならず、名称変更にあたっては規則を改めて認証する必要があるのです。宗務課がどう対応したかは、ツイートした通り。組織の実態が変わっていなければ、規則変更は認証できない。そう判断し、申請を受理しなかったのです。申請を受けて却下したわけではありません。水際で対処したのです。

教団側が名称変更を求めた理由は、「世界基督教統一神霊協会」とは名乗っておらず、「世界平和統一家庭連合」として活動しているから、ということでした。

「事前相談」「申請を受理しなかった」については議論があるので後述したい。

「ツイートした通り」とは、今回の銃撃事件が起きる1年5カ月前の20年12月、本田由紀東大教授がツイートしたネット記事「名称変更は二つのルートがあった。一つは統一協会の日刊紙『世界日報』の下村博文ルート。もう一つは国際勝共連合の萩生田光一ルート」に、前川氏が「97年の名称変更に反対しました」とリツイートしたことを指している（22年7月31日、第67回高知県母親大会での前川氏の講演）。まるで今回の事件を予想していたかのようなリツイートだが偶然である。それにしても統一協会側で下村博文ルートと萩生田光一ルートで名称変更を取り付ける先陣争いをしていたとは驚きだが、統一協会とのつながりが強いとされる両氏だけにさもありなんである。

「『世界平和統一家庭連合』として活動しているから」とは、統一協会のホームページで「世界基督教統一神霊協会」を「世界平和統一家庭連合」へ〝名称変更〟を告知（97年4月8日）していることを指している。

——ですが、霊感商法で多くの被害者を出し、損害賠償請求を認める判決も出ていた。青春を返せ裁判などもあった。「世界基督教統一神霊協会」として係争中の裁判もあり、社会的にもその名前で認知され、その名前で活動してきた実態があるのに、手前勝手に名称を変えるわけにはいかない。問題のある宗教法人の名称変更を認めれば、社会的な批判を浴びかねないという意識はありました。

現に被害者が統一協会を相手どって提訴した多くの裁判が、世界基督教統一神霊協会の名で行われている。当時の宗務課および前川氏は統一協会の反社会的活動を引き起こしていることをつかんでおり、活動実態が変わらないのに「世界基督教統一神霊協会」（統一協会）から「世界平和統一家庭連合」という、それまでとは全く異なる名称に変更を認めてしまえば、統一協会の反社会的活動に加担しかねない――そこまで議論した結論だった。そうした議論を踏まえて、名称変更の申請が出されても認証しない旨説得・納得してもらい、名称変更の申請を水際で引き下がってもらう対応を取った。

前川氏がとったこの対応について、「官僚の裁量なくす法律通りの手続きを」（元内閣参事官・高橋洋一嘉悦大教授）とか、「（申請を受理しなかったのは）違法ではないか。名称変更の申請を受理すべきだった」（橋下徹元大阪府知事）とする批判がある。特に橋下徹氏は、行政手続法を盾にとって「申請をとにかく受理して認証し、その宗教法人に問題があれば別の対策を取ればいい」（フジテレビ系「日曜報道」8月7日）と強硬に主張した。たしかに行政手続法では、申請が形式上の要件に適合する場合には受理し審査しなければならないことになっている。

前川氏はこれらの批判に対して、8月11日放映のＭＢＳテレビ「ゴゴスマ」で次のように述べた。

――申請が出されたのに受け取らなかったらそれは違法です。申請しても認証できないと納得してもらって引き下がってもらったのです。しかし申請を受理するしないことと、認証することとは別のことです。97年の場合も15年の場合も、申請が出されれば受理しなければならないことでは同じです。しかし15年の場合は〈出せば認証される見通しがあったからだ〉と思う。しかし申請すれば必ず認証されるかというと必ずしもそうではない。宗教法人法は審議会を開いてしっかり審査し、認証する場合と認証しない場合を想定している。

橋下氏が行政手続法を盾に名称変更をすべきだったと述べたが、行政手続法は申請を受理した後のことを言っているのであって、次元が異なる話である。前川氏は説得・納得して申請を思いとどまらせたのは、申請する前のことである。

さらに前川氏は次のように付け加えた。

――国民感情からすれば、申請を受理した方が分かりやすい。しかし申請を出させて審議会に諮問して認証しない手続きをとることと、（説明し納得のうえ）水際で申請を出させず認証しないこととは結果は同じだから、役所からすれば納得して引き下がってもらった方が好ましいと判断したわけです。事前相談の段階で引き下がってもらうケースは日常的にたくさんあります。

そもそも前川氏は「実態が変わらないのに、名称を変えることはできない」という一貫した立場である。統一協会の名称変更申請を受理し「却下」する方法があることはある。しかし受理して「却下」する方法は、宗教法人審議会に資料を揃え説明しなければならず労力的に大変と考えて、前川氏が事前に認証できないと説明・納得して申請を引き下がってもらったというのは合理性がある。

ジャーナリストの有田芳生氏は、オウム真理教事件の後警察庁の幹部の話として、「次に摘発するのは統一協会だと言っていたが、政治の力によりできなかった旨を話していた」と証言している（7月25日　立憲民主党ヒアリング）。折から地下鉄サリン事件（1995年3月20日）をピークに社会を震撼させた一連のオウム真理教事件が、同年5月16日首謀者の麻原彰晃の逮捕をもって終息しつつあり、次は統一協会に関心と批判が高まっていた。オウム事件の次は、現実に反社会的活動を続けている統一協会をどう取り締まるかが問われる社会情勢だった。しかし有田氏が証言していたような〝政治の力〟が働き、取り締まりが見逃された。そういう時に「官僚には裁量の余地はない。兎にも角にも申請を受理して、統一協会の反社会的活動は別途対処すればよい」（橋下徹）というような、緊張感のない選択肢は現実にはありえなかった。名称変更申請を事務的に受理し名称変更を認証していれば、統一協会の反社会的活動の隠れ蓑になり、それこそ社会的批判を浴びていただろう。前川氏と文化庁宗務課の対応は、総合的に検討し考え抜いたぎりぎりの対応だった。

司会者から「審議会に諮問して認証しないということにならなかったのか」と問われて、前川氏は「私が仮に宗務課長だったらそう考えますすよ。審議会を開いて諮問し認証しないという選択肢は15年の時にもあったはず」と述べた。

こうして審議会も開かず、実態の変わらない統一協会の名称変更が認証されてしまった。その結果どうなったか。結論を先取りすることになるが、ジャーナリストの柿田睦夫氏は次のように述べている。

――『新生』事件のあと、統一協会は『コンプライアンスの強化』を発表し、あからさまな霊感商法は鳴りを潜めるかに見えた。メディアの報道も沈静化した。だが実際は違っていた。

たしかに壺や多宝塔を売る商法は減ったけれど、その分、高額献金や経文書の販売などが増え、印鑑や家系図を使った手法も存続している。正体や目的を隠した詐欺的伝道も実質的には変わっていない。たしかに『家庭連合です』と名乗る勧誘や「家庭連合〇〇協会」と明記したチラシなど『隠し伝道』も増えている。これは……（中略）……教団名称変更の認証（２０１５年）の意味がいかに重いものであったかの『証し』でもあるのだ（日隈威徳「統一協会＝勝共連合とは何か」―柿田睦夫「再刊にあたって」）。

名称変更がありうるとすれば、統一協会がそれまでの反社会的活動を一切改め、その実態が確認されているか、前川氏が確立し18年間文化庁で踏襲されてきた「実態が変わっていないのであれば名称変更は認められない」という解釈が変更されたかのどちらかである。柿田睦夫氏が言うように実態は変わっていないのだから、解釈が変更されたのだ。

「解散請求に当たるまでには至っていない」

統一協会が名称変更の相談を文化庁宗務課に持ちかけてきた翌年の98年4月28日、衆議院法務委員会で木島日出夫衆議院議員（共産党）が統一協会について質問している。なぜこの時期に統一協会問題が取り上げられたのか。有田芳生氏がいうようにオウム真理教事件がひと段落し、次に統一協会の反社会的活動を追及しなければならない社会情勢だったからだ。木島議員の質問に説明員として答弁に立ったのが前川氏である。議事録からそのやりとりを見ておきたい。

■木島委員　私は、これだけ大きな問題が現にまだ起きているという状況にあって、警察の対応は非常に手ぬるい、おかしいと思わざるを得ないのですね。もっときちっと、警察の目的に従って承知してほしいと要望だけしておきます。

時間の関係で、文部省にお聞きしたいと思うのです。

統一協会は宗教法人法によって設立を認められた宗教法人でありまして、文部省が所管していると聞いております。所管庁として、このような数々の反社会的な行為をどう把握しているのか、把握している内容を明らかにしてほしいと思います。そもそも、宗教法人としての設立が認められた法人であるわけですが、文部省として、この組織をどう総体的に認識しているのか、御答弁願いたい。

■前川説明員　いわゆる統一協会、世界基督教統一神霊協会は、昭和三十九年の七月に、当時の所轄庁であります東京都知事から認証を受けまして設立された宗教法人でございます。渋谷区に所在地がございまして、代表役員は、現在、本年の三月より江利川安栄という者が代表役員をやっておる、そういう宗教法人でございます。宗教法人法の改正に伴いまして、平成八年の九月より、所轄庁が文部大臣に移っております。

この統一協会につきましては、マスコミ等でさまざまな問題が指摘されているということは私どもも承知しております。私どもといたしましては、所轄庁の立場で、所轄しております法人ということで、統一協会から任意に事情聴取するということはこれまでもしてきております。また、統一協会をめぐる裁判がたくさん起こされておるということも承知しております。裁判の相手方となっている方々、特に被害弁連の方々からもお話を伺っておるということでございます。

これまでの裁判例といたしまして、最高裁まで上がったものもございますので、このような裁判例につきましても詳細を検討しておるというところでございますが、私どもに法律上与えられております権限というのは、宗教法人としての法人格を与えるか与えないかということについての権限に限られております。

具体的に申し上げますと、営利事業、収益事業を行ったような場合につきまして、これが宗教法人としての目的に反するような場合にその収益事業の停止を命ずることができる。また、認証後一年以内に限りましては取り消しができますけれども、統一協会につきましては一年を超えているということで、私どもにできますのは、裁判所に対しまして解散命令の請求をするという手段があるわけでございますけれども、これは法令に違反して著しく公共の福祉を害すると明らかに認められる行為をしたというようなケースに限られておるわけでございまして、これまでこのケースに当たったというのはオウム真理教一件でございます。

私どもといたしましては、これまでの統一協会をめぐる訴訟等の動きを見ておりますけれども、この解散命令の請求に当たるようなところまで至っているという判断はしておらないわけでございまして、私どもとしては、今後とも関心を持って見守ってまいりたいと思っておりますけれども、法律上の権限を発動するというところまではまだ至っていないというところが現状でございます。

以上でございます。


木島委員が質問の冒頭で「警察の対応が非常に手ぬるい、おかしいと思わざるを得ない」と述べているのは、有田芳生氏が警察庁の幹部が〈次に摘発するのは統一協会だ〉と言っていたが、〈政治の力〉によりできなかった」旨証言していることと付合する。

木島議員の質問に対する前川喜平説明員の答弁の後半は、統一協会の反社会的活動を規制する方途として、宗教法人としての統一協会を解散命令することも検討されたことを証言している。結論は「著しく公共の福祉を害すると明らかに認められる行為をしたというようなケースに限られ」、統一協会はまだそこまでに至っていないという判断だったとされる。解散命令された事例は妙覚寺とオウム真理教しかない。オウム真理教は、東京地方検察庁及び東京都が東京地方裁判所に請求した解散命令が平成7年〈95年〉12月19日確定し、宗教法人としての法人格を失ったが当時の宗務課の統一協会認識は、そこまでには至っていないという判断だった。

統一協会の解散命令を出すことが無理と判断されたもとで、前川氏のとった、納得してもらい名称変更の申請を思いとどめた水際の対応はますます適切だったといえる。

「怪しい教団は認証しない」

当時文化庁宗務課長だった前川氏が、統一協会の名称変更に一貫して慎重だったのには背景がある。

オウム真理教による一連の事件を受けて、95年暮れに宗教法人法が改正され、96年9月から施行された。前川氏によれば97年7月から1年間、文部省外局である文化庁文化部宗務課長の部署に就いたのは、改正された宗教法人法を適正に初期運用するため、与謝野馨文部大臣の政治主導で行われたとされる。

以下7月22日付「日刊ゲンダイ」から引いておきたい。

――宗教法人が前代未聞のテロを起こしたのは、宗教法人法が甘すぎるからではないのか」との問題意識から、「宗教界をすべて敵に回す」と尻込みする役人を抑えて（宗教法人法の改正を）決断したのです。実際、宗教界はこぞって大反対でした。

法改正のポイントは大きく2点。全国的に活動する宗教法人の所轄庁を文部大臣とし、文化庁が実務を担う。それまでは宗教法人が本部を置く所在地の都道府県知事が所轄庁でした。オウム真理教は登記上、東京都江東区に本部を置いていたため、当時の所轄庁は東京都知事だったのです。広大な教団施設があった山梨県の上九一色村（現・南都留郡富士河口湖町）を調べることは現実的に困難で、その権限もなかった。これによって、文部大臣の所轄する宗教法人がドッと増えました。

もうひとつのポイントは、年1回の書類提出。役員名簿、財産目録、収支計算書などを出してもらいます。宗教法人として活動している事実を確認するためです。

宗教法人の認証は従来、性善説で行われてきた。教義、礼拝施設、30人程度の信者が確認できれば法人格を与えてきました。法改正以前は、宗教法人となった後の教団は糸が切れたタコ状態。どこで何をしているのかサッパリ分からなかった。

もっとも、文化庁が特別な監視機能を持つようになったわけでもなく、テロ組織など危険分子を見分けるのは容易ではない。ですが、宗教法人をより注意深くチェックして慎重に対処し、怪しい教団を認証しない考え方へ大きく変化しました。そうした中、名称変更の認証を求めてきたのが統一協会（現・世界平和統一家庭連合）だったのです。

前川氏は先出の「日刊ゲンダイ」では触れなかったが、宗教法人法の改正点はさらにもう1点ある。それが臨時国会の論戦で浮上した「質問権」の行使である。質問権は解散命令に該当する疑いがある場合に限って、宗教審議会に諮った上で質問することができるとした点だ。ただし捜査権はない。

この宗教法人法の改正は、改正前の宗教法人法が信仰の自由を守る立場と宗教団体は反社会的なことをしないはずという〝性善説〟の立場に立って、申請書類に不備がなければ宗教法人として認証されてきたのを、オウム真理教事件を踏まえて宗教法人の認証や名称変更をより慎重に対応することになったことを意味する。

ところが改正宗教法人法で年1回宗教法人に義務付けられていた書類提出に09年〝変化〟が起きていたことが明らかになった。「朝日新聞」（22年8月22日）は、09年元信者が教団側に献金の返還を求めて起こした国の責任を訴えた民事訴訟で、国側が提出した文化庁の担当課長名の報告書や準備書面の裁判資料を入手した。それによると、文化庁は統一協会に対し年1回役員名簿、財産目録、収支計算書など書類提出を求め、98年からの11年間で少なくとも9回聴取を実施し、統一協会に対し「適正な管理運営」を求めてきたことがうかがえる。しかし教団をめぐり元信者から国が提訴されたことを理由に09年から一転して聴取を取りやめていた。文化庁は「朝日新聞」が報道した当日、結果的に教団への警戒が弱まったことを認めた。

こうして統一協会への対応に変化が始まった。09年というのは、安倍元首相が1年で政権を投げ出し野党暮らしをしていた時である。

名称変更を申請したのは「何らかの見通しがあった」

全国弁連は、統一協会が関係する霊感商法や献金の強要などのトラブルが相次いでいるとして、名称変更を認めないように繰り返し申し入れてきた。統一協会が15年6月2日に下村文科相に名称変更を申請する約2カ月前の3月26日にも、下村文科相、文化庁長官、同庁宗務課長あてに申し入れている。全国弁連がこの時期に改めて申し入れたのは、統一協会の幹部に聞いたという末端の信者から、その年の2月に開いた統一協会の責任役員会議で、名称変更が決定されたとの情報を得ていたからだ。「これは本気を出してきたなと思った」（全国弁連代表世話人・山口広弁護士）。申し入れ書には「統一協会への社会的批判が高まったことで資金獲得が困難になったため、名称変更で正体を隠して資金や人材獲得をしようとしている」と指摘している。「その時の宗務課の対応が『変更はさせない』と言っていた。だから15年に変更を認証したときは驚いた」と証言している（「しんぶん赤旗」22年7月30日）。

この証言によって同年3月26日の時点までは、文化庁宗務課は名称変更を認証しない立場を堅持し、申請を受け付けないという立場だったことが分かる。ところが文科省事務方のナンバー2に昇進していた前川喜平審議官が、宗務課長（当時）から「名称変更の認証を行う（から申請を受理する）」との説明を受け、「認証に反対する」と対応したが6月2日、名称変更の申請が出された。申請が出されてしまったら受理することになる。翌7月13日正式に受理され、8

月26日に名称変更の認証が行われた。名称変更申請から認証まで３カ月を切るスピード認証だった。

前川氏は統一協会が名称変更を正式に申請したのは「(確実に認証される)何らかの見通しがあった」(前出「ゴゴスマ」)からだと証言する。18年間守られてきた、統一協会に「納得のうえ名称変更の申請を思いとどまらせる」という「前例」の踏襲が、変わったのだ。前川氏は役所の慣例主義ついて次のように述べている。

――役所というものは町役場であっても中央省庁であっても、前例踏襲が基本的な考え方。よほど差し迫った理由がない限り、いったん決めた方針は容易に変更しない。統一協会の名称変更の認証は僕が宗務課長だった97年に断っている。それ以降、その方針を維持してきたはずなんです。役人限りだったら、そういう慣性の法則が働く。ですから、名称変更は何らかの政治的圧力がなければ絶対に起きないことです。政府あるいは自民党でしょう(「日刊ゲンダイ」７月28日)。

良きも悪きも前例の踏襲によって行政の一貫性、継続性、安定性が保たれている。それが突然変わった。８月５日開かれた野党国対合同ヒアリングで、前川氏は「何らかの政治的力が働いた。下村さんの意思が働いていたことは１００％間違いないと思う。(認証前、宗務課の説明に)私がノーと言ったのにイエスという判断ができたのは、大臣か事務次官しかいない」と述べ、事務方トップの事務次官だけの判断で前例を覆すことはありないから、名称変更は当時の文部科学大臣だった下村博文氏の意思だと断定的に証言している。

これに対して末松信介前文科相は「申請書の必要記載事項に不備がなく、形式上の要件に適合すれば受理する必要がある」と繰り返し述べ、文科相の諮問機関「宗教法人審議会」に諮る選択肢の有無を尋ねられると、「認証を決定しており、必要はなかった。諮問は教団に不利益な場合だけ」と説明。これは18年間維持してきた統一協会へのスタンスを変えたと自ら表明したことと同じである。名称変更がありうるとしたら、統一協会の反社会的実態がなくなっていなければばならないが、それは現実にありえない。しかし文化庁は18年間続けてきた統一協会に対する対応スタンスを変えたとは言えないから、「形式上の要件に適合すれば受理する必要がある」と、受理しなければ不作為になると形式論を建前に使っているに過ぎない。

さらに15年8月の名称変更は、教団の弁護士から「不受理の違法性を指摘された」ことがきっかけになったと言明した。これは教団の恫喝に屈したという表明に他ならない。

では、文科大臣だった当事者の下村博文氏はどう説明しているか。「自身のツイッターで、文化庁に確認したところ、〈大臣に伺いを立てることはしていない。今回の事例も最終決裁は、当時の文化部長〉などとする回答があった」(「しんぶん赤旗」7月20日)としているが、こんな他人事のようなつぶやきを誰が信じ得ようか。

前川氏は後に次のように語っている。

——下村大臣は最初の頃は「私は全く関わっていない。文化部長限りでやった」と述べたが、その当時有田芳生氏が文化庁宗務課に問い合わせたら、宗務課は「ちゃんと大臣まで説明している」という回答を確認している。実態が変わらないのに名称変更しないという、18年間踏襲してきたことを役人だけで判断することはあり得ない。その後下村氏は（名称変更するという）報告を事前にも事後にも聞いたが、判断は指示しなかったと述べているが、報告を聞いただけでコメントしないということはあり得ない（武蔵野政治塾第２回セッション「有田芳生×前川喜平　旧統一協会と政治家——憲法改正や平和について考える」）。

その後下村氏は「今となったら責任を感じる。状況を踏まえて判断する必要があった」と述べたが、関与については否定し続けている。前川氏は「大臣のところまで事務方が説明し伺いを立てているはずだから、応接録は残っているだろうと思う」と述べている。であればその「応接録」を公表して身の潔白を明かすべきである。

問題は、18年間維持されてきた「反社会的旧統一協会の実態が変わらなければ名称変更は認めない」という大前提が誰の指示で変えられたのか。

先に紹介したように、前川氏は「下村さんの意思が働いていたことは１００％間違いないと思う」と断定的に言明している。下村博文氏は統一協会とのつながりが強い。12年12月、第２次安倍内閣で文部科学大臣に就任後の13年から14年にかけて、統一協会系世界日報社が発行する日刊紙「世界日報」のダイジェスト版月刊誌「ビューポイント」にインタビューや座談会が3回掲載されている。『いじめ防止基本法』成立を　教育委の抜本改革が不可欠」「新しい日本創造のスタート」「大学入試の抜本改革を」といった内容だ。14年1月の座談会、12月のインタビューはご丁寧にも「文部科学省の大臣室」とまで明記されている。記事の内容はその時々の政策に関わるものだ。下村博文氏は統一協会の広告塔の役割を十分果たしている。

それればかりでない。ジャーナリストの森功氏から下村事務所内部資料の提供を受けた「しんぶん赤旗」が分析したところ、13年と14年に統一協会系の日刊紙「世界日報」の政治部長だった人物からパーティー券4万円の入金があり、統一協会の「政治団体」の会計責任者の名前で12年～14年にかけて6万円の支払ったことになっている（22年9月4日）。

という風に下村博文氏は統一協会とズブズブの関係だった。前川氏がいうように「私より上は事務次官と大臣しかいない」。官僚の事務次官が18年間続いてきた慣例を変えるはずはないから、下村博文文科大臣が統一協会の名称変更の判断をくだした状況証拠は１００％どころか２００％と言っていい。

政治圧力によって大慌てで名称変更を認証した痕跡

宮本徹衆議院議員（共産党）の資料請求に応じて、7月26日文部科学省文化庁宗務課より、統一協会の名称変更に関わる決済文書等が提出された。15年6月2日統一協会が申請した規則変更理由および責任役員会議録がすべて黒塗りだった。よほど知られては困る理由があったことがうかがわれる。

それだけではない。宗教法人法では名称変更にあたって規則を改めて認証することを義務付けており、宗教法人の規則の中に必ず名称を記さなければならないと定められている。ところが統一協会が提出した申請書には「新規則の全文」と書かれているが、実際に添付されていたのは、名称が「世界基督教統一神霊協会」（統一協会）の規則だった。開いた口が塞がらないというのはこういうことをいう。また、第29条の認証機関は、改正宗教法人法では統一協会のように都道府県をまたがって広域的に活動している場合は、東京都知事から文部科学大臣に変わっているのに、「文化庁」となっていた。

文化庁宗務課は「添付書類の確認ミスがあった」と認めたが、よくチェックもせず申請書添付種類を出した方も出した方だが、見落とした方も見落とした方である。「実態が変わらないのであれば名称変更は認められない」という18年間踏襲されてきた慣例が、急転直下政治圧力で覆され、大慌てで統一協会に書類提出を求め、大慌てで文化庁が認証手続きを行った紛れもない痕跡である。しかし文化庁は認証したことに支障はなかったとした。

宮本徹議員は続いて10月18日の衆議院予算委員会において、「名称変更という便宜は選挙支援の見返りで行われたのではないか」と官邸関与の疑惑を岸田首相に突き付けた。下村博文氏が文科大臣中に名称変更の政治圧力をかけた状況証拠は多々あるが、安倍元首相が自派「清和会」の候補者に統一協会の組織票を差配していたからだ（第８章で詳述）。とすれば名称変更は官邸ぐるみで行われた可能性も十分ありうる。前川氏が残っているはずと指摘している当時の応接録の開示が改めて求められる。

第5章

「集団結婚」霊感商法・献金の教義「祝福」「万物復帰」、改ざんされた「原理講論」

統一協会といえば教祖・文鮮明や教団が決めた相手との集団結婚や、霊感商法が想起される。今回の安倍元首相銃撃事件を通じて、山上容疑者の母親が自己破産するに至った高額献金が注目された。統一協会はなぜ高額の献金を集めているのか。それはどんな教義に根ざし、どんな手口でやられているのか。そしてその資金はどこに流れているのか。

一般に宗教教団は教義の体系化と絶対化、その象徴・シンボルである巨大な礼拝施設、出家者（僧、牧師）集団の巨大化が避けられない。教団の維持に必要な資金は信者からの寄付、献金（お布施）によって支えられており、寺院のお堂には、お布施の金額と氏名が所狭しと張り出されている光景をどこでも見ることができる。あるいは寺や神社の参道の傍にお布施の金額と氏名が書かれた標柱がずらっと並んでいる光景が見られる。しかしその寄付によって一家破産し、訴訟になったという話は皆無ではないだろうが、寡聞にして聞かない。それぞれの信仰心と所得、資産に応じて自発的に行われているからだろう。ところが統一協会の場合は被害相談が多発している。

全国弁連に寄せられた被害の実態については第2章で見た通りである。そのうちで献金の被害はどうか。全国弁連に寄せられた被害件数は09年だけでも1113件、被害総額は37億3693万7301円（「しんぶん赤旗」10年3月20日）。この額は内訳を見ると、印鑑や数珠、つぼ、仏像・みろく像、多宝塔、人参濃縮液などとともに、献金・浄財が16億1507万5100円と43％を占めている。霊感商法といえば、相手の悩みにつけ込んで恐怖をあおり、高額の印鑑やつぼ、多宝塔などを売りつけ、信者を獲得し金をむしり取っていたことはよく知られていた。しかし同じ手口で高額の献金を迫っていたことは、これまで一般にあまり知られていない。

では統一協会はどういう教義に基づいて集団結婚や霊感商法、高額献金を行っているのか。

「祝福」＝集団結婚によるカネむしり

集団結婚のもとになっている統一協会の教義「祝福」と、霊感商法のもとになっている「万物復帰」について、長らく統一協会を追及してきたジャーナリストの柿田睦夫「旧統一協会の正体と歴史を暴く」（「しんぶん赤旗」22年7月24日）と、同じく「統一協会（現・世界平和統一家庭連合）の正体・本質は何か」（「前衛」22年10月号）によって整理しておきたい。

統一協会は自ら「旧約・新約聖書を教典に『原理講論』を教理解説書とする」（協会刊『心をつなぐ統一協会』）としているが実態はそうではない。聖書の言葉を断片的に使っているけれども、教義の本質があるのは「祝福」と「万物復帰」である。まず「祝福」についてから。

――「原理講論」によれば（エデンの園の）アダムとエバの時代、エバの不倫により人類は原罪を背負いサタンの血統になり、それがすべての不幸の原因になった。選ばれた女性が文鮮明によって清められることで血統が転換され無原罪の子を生み人類は救済される…。これが統一協会の祝福＝集団結婚です。

「原理講論」では戦争、犯罪やいさかいなどすべての不幸の原因が原罪にあるとして、人類を救済するためにはサタンの血統を転換（血統転換）しなければならないと説く。「血統転換」とは、文鮮明によって選ばれ清められた女性が、文鮮明に指定された男性と結婚することによって、初めて原罪のない子供が生まれ、人類は救済されるというもの。これが「祝福」であり、集団結婚はその象徴的儀式である。

――55年に起きた韓国の梨花女子大事件で、学生不法監禁などの容疑で文鮮明が逮捕されましたが、新聞はこれを「私は神の子だから、私と肉体関係を持てば、あなたは救世主を産むことができる」と説教したと伝えました。これが「祝福」教義のルーツだと言っても間違いありません。

統一協会開祖・文鮮明は青年期に「混淫派」という血分け＝セックスの教えを基調にする土着宗教にかかわっていた。「血分け」とは、聖なる血液をもった救い主（メシア）が、セックスを通じて聖血を堕落した民に分け与え救済するというものだ。「梨花女子大事件」を報じた韓国紙「東亜日報」などによれば、文鮮明は「七二時間説教方式」と称して女性信者を3日間自宅に閉じ込め、「救世主を産むことができる」と説教して貞操を奪ったと伝えられる（「しんぶん赤旗」22年8月17日）。「梨花女子大事件」は、文鮮明が統一協会を設立した翌年のことである。文鮮明は教団設立後早々「血分け」を実践したことになる。セックス亡者という他はない。

――ここでいう「祝福」とは集団結婚。信者にとって最高の救いとなる重要儀式です。誰が祝福メンバーに選ばれるのか、相手（相対者）が誰かは本人の意思ではなく組織が決めます。相手の国籍や人種がどうあろうと拒否できません。

集団結婚の初期には、教祖の文鮮明総裁がじきじきに結婚相手を指名していたが、集団結婚の規模が大規模化してくると、統一協会の指導役信者（アベル）が指名した見ず知らずの相手を指名するようになった。両性の自由な意思によって結ばれるべき結婚が、教祖や教団によって決定づけられるというのは人権無視極まりない。また統一協会は自由恋愛を禁止しており、信者2世が年頃になって悩むことはしばしばである。見ず知らずの人物と結婚するというのは一般には信じがたい。統一協会の集団結婚の女性信者と男性信者の〝マッチング〟がどのようにして行われているか。集団結婚式に参加した信者の体験談によるところである。

――結婚式に先立って行われる「二十一日修練会」（信者をいっそう洗脳する場）で、いかに人間は堕落しており、だからこそ「祝福婚」をしなければならないかを教え込まれる。修練会が終わると所属する地元協会に戻り、集団結婚式への参加を表明する。「国籍や学歴を問わず、どんな相手でも受け入れる」と誓いを立て、町の写真館に行って顔写真と全身写真を撮影する。この写真を元にして相手の〝マッチング〟が行われる。他の信者と共に、アベルに呼び出され、「結婚相手が決まりました」と写真を渡される。〝マッチング〟を受け入れた信者は結婚式直前に渡韓する（「週刊文春」22年8月4日号「合同結婚式　性とカネ」）。

実際、信者2世だった作家の冠木結心《かぶらぎけいこ》氏は「どんな男性でも甘受せよ」と教えられたと証言している（「しんぶん赤旗」22年9月19日）。では韓国内で結婚相手の男性はどう集められていたか。冠木氏は「韓国では『日本人と結婚できる』と宣伝され、信仰心がない人が集まりました。『14万円（後で説明）で嫁を買う』という感覚なのだと思います。まるで人身売買です」という。

韓国の男性信者は結婚目的に〝入信〟している実態がある。冠木氏は次のように証言している。

——その頃協会では、「一に伝道！　二に伝道！　伝道！　伝道！　伝道！」と、とにかく祝福対象者を協会に連れてくることに躍起になっていました。私たち隊員ももちろん伝道をしますが、まだ韓国語を話せない人が多かったので、韓国人に直接話しかける方法ではなく、しおりサイズのチラシを大量に渡され、配布するよう命じられました。チラシの前面にはデカデカと「結婚しませんか?」の文字が踊っていました。

「結婚」の文字に惹かれて、韓国人男性たちが協会にやってくるという仕組みです。韓国では郵便受けにポスティングするのではなく、セロハンテープで門に直接貼りつけていきます。毎日午後の時間をこのチラシ貼りに費やしました（冠木結心『カルトの花嫁』合同出版）。

こうして集められたにわか信者の男性とマッチングさせられ、韓国に渡った日本人女性は７０００人といわれる。

再び柿田睦夫氏の記事に戻る。

――初期には信仰と実践を評価された者だけが祝福の対象でした。その後マスプロ（大量生産）化され、参加者に課す「祝福献金」など金集めに比重が移ったように見えますが。「祝福」の本質に変わりはありません。

ここでいう「祝福献金」とは何か。前出の「週刊文春」によれば、日本教区に所属する女性信者は、自費の航空券やホテル代などとは別に１４０万円献金することを指す。対して韓国の教区に所属する男性信者は10分の１の14万円の献金でよい。統一協会の発表などによれば、日本人参加者は歌手の桜田淳子が参加した92年は約２万４千人とされる。教団が日本人から得た献金は単純計算すると、92年は１６８億円、95年は３３６億円に及ぶ。他の年を踏まえると平均、教団は1回の集団結婚式だけで２００億円前後を集金したことになる。

では統一協会が集団結婚で日本人女性の側に高額の祝福献金を求めているのはなぜか。次に触れる「万物復帰」の教義に共通する日本の植民地時代の恨み、恩讐、日本側に贖罪を求める思想に基づいている。

「万物復帰」＝霊感商法によるカネむしり

もう一つの主要な教義が「万物復帰」である。引き続き柿田氏の記事によってみる。

――この世の人も財もすべて神のものであり、サタン（一般社会）のもとにある宝を本来の所有である神＝文鮮明に「復帰」させることは善であり救いとなる。正体を隠した詐欺的伝道も霊感商法もこの教えによって合理化されます。

――「霊界で苦しむ先祖を救うため」「運勢の転換のため」と多額の献金をくり返し、「神が求めているから」と不動産を担保に入れて金をつくる。「これを授からないと救われない」と印鑑やつぼを売りつけ、福祉や難民救済を装ってカンパを集め訪問販売をする……。そんな活動の総称が霊感商法です。

「万物復帰」――地上にある万物＝すべての人や財産は、本来、神（すなわち、キリストの再臨を自称する文鮮明のこと）のものであり、地上というサタンの世界に置かれている財産を本来の所有者である神のもとに「復帰」させることが善行であり、救いだという。霊感商法で相手を騙して財産を文鮮明に授けることも、信者だけでなく騙した相手にとっても救いの善行とされる。文鮮明と統一協会にとって金集めするには実に都合がいい教義であるばかりでなく、こういう教義を信じ込まされているから平気で騙せる。

――日本はエバ国家であり奉仕する立場というのが「原理講論」の教えです。日本の協会は毎年数百億円を韓国に送ってきたといわれます。それが文一族の生活遊興費や世界各地での資産買収などの源資。日本での政治工作費にもなります。

なぜ日本がエバ国家で、韓国がアダム国家なのか。北海道大学の櫻井義秀教授（宗教社会学）によれば「植民地時代に韓国は日本に酷い目にされたという恨み」「日帝（日本帝国主義）による36年間の支配から受けた恩讐《おんしゅう》に報いるには、日本人女性の献身がよりいっそう求められる」として次のように言う。

――霊感商法、そして訴訟関係は日本を中心として起きていて、アメリカや韓国では起きていない。これは日本の旧統一協会だけが、いわば違法な形で資金調達をし、それを韓国の本部に送り届けるというミッションがあるからだ。日本の植民地支配に対するある種の〝恨み〟がベースにある、〝韓国が第一〟という韓国ナショナリズムである旧統一協会の教義と、自民党の保守的な政治家たちの考える、神道や日本文化を中心とした日本ナショナリズムの思想とは根本的に相容れないはずで、互いの立場をはっきりさせれば、対決せざるを得ないぐらいの関係だ。それでも互いに保守的で反共産主義であること、お互いに利用しあえるということで野合していたというのが実態だ（「ABEMA Prime」22年7月13日）。

霊感商法や高額献金が韓国内でもアメリカでも行われておらず、日本だけで行われているということに着目したい。その根拠として、歴史修正主義者が美化する日本の侵略戦争と植民地支配を挙げ、それ故「原理講論」では日本はエバ国家とされ、日本人女性が献身しなければならないとされる。

実際、文鮮明亡き後統一協会の後継総裁となった韓鶴子は、次のように語っている。

――人間的に考えれば、許すことができない民族（日本民族のこと）です。しかし、天の摂理において、真の父母は日本を、世界のために生きるエバ国、母の国として祝福しました。母の特徴は、自分を顧みず、子供のためならばすべてのものを惜しまずに与えます（鈴木エイト『自民党の統一教会汚染』）。

ここでいう「摂理」とはすでに第3章で触れたことだが、耳慣れない言葉なので改めて説明すると、「神の導き」という意味である。ちなみに統一協会がよく使う摂理機関とは、〝統一協会の教えを広めるための統一運動を推進する団体組織〟の総称のことである。

韓鶴子はまた次のようにも言っている。

——日本、特に指導者層の人たちは、近代史における過ちをはっきり認めなければならない（同前）。

——（日本の教団幹部に）ちゃんと日本の指導者たちに、正しい歴史観を教育しなさい」（同前）。

「近代史における過ち」——かつての侵略戦争と植民地支配は歴史的事実だが、「許すことができない民族」の恩讐を根拠に日本がエバ国家で韓国がアダム国家とし、日本の女性（信者）が韓国の男性（信者）に奉仕しなければならないとする。これは、反日本——日本会議やネトウヨが好んで使う、いわゆる〝反日〟そのものである。しかも「祝福」や「万物復帰」の教義に基づいて、集団結婚や反社会的な霊感商法、高額の献金が行われ、〝客〟や信者からむしり取った多額の資金を韓国に送金していることは、ましてや〝反日〟である。

実は「原理講論」の日本語版には、日本で知られては困る〝反日〟的記述が、40数カ所、3800字余りも改ざんもしくは削除されていた——44年前の「赤旗」（78年5月8日）のスクープである。削除・改ざん、隠された部分こそ、統一協会の本音の部分ともいえる。

他方、安倍元首相は日本会議の枢要メンバーであり、歴史修正主義の立場に立ち、日本の侵略戦争・植民地支配を美化する名打ての〝愛国〟主義である。まさしく前出の櫻井義秀教授がいう「互いの立場をはっきりさせれば、対決せざるを得ないぐらいの関係」の〝反日〟と〝愛国〟の両者が反共の一点で野合・癒着していた。

極端な韓国中心主義、〝反日〟、第3次世界大戦必至・待望

「原理講論」の日本語版はどこがどう削除、改ざんされていたのか、極端な韓国中心主義と反日性を「赤旗」のスクープ記事でリアルに紹介したい。説明文は「しんぶん赤旗」の記事に筆者なりの整理を加えている。

――日本は代々天照大神を崇拝して来た国として、その上全体主義国家として再臨期に当たっており、また以下に論述するようにかつて韓国のキリスト教を過酷に迫害した国であった。そして中国は共産化した国であるため、この両国はいずれもサタン側の国家である。したがって端的にいって、イエスが再臨される東方のその国とはまさに韓国である。……(略)……イエスが韓国に再臨されるならば、韓国民族は第三イスラエル選民となるのである。

「イエスが再臨される東方の国」、つまり〝神の国〟は韓国であり、韓民族こそ唯一の選ばれた民である、これにたいし「日本はサタン(悪魔)の側の国家である――これほど露骨な「韓国中心主義」、韓民族選民論はない。

「原理講論」の原本ではまた、「韓国民族は、単一血統の民衆として四千年の悠久の歴史をも

ち」、侵略をしたことがないから、「韓国民族は天の側であることは明白」とも言っている。民族の血統を重視し、人種差別理論を唱えている点は、ドイツ民族を選良民族とし、他民族を劣等民族としたヒトラーのナチズムそっくりである。

――有史以来、全世界にわたって発達してきた宗教と科学、すなわち、精神文明と物質文明とは韓国を中心として、みな一つの真理のもとに融合され、神が望まれる理想世界のものとして結実しなければならないのである。

あらゆる「精神文明」も「物質文明」も、結局は韓国のためにあり、韓国において「結実」しなければならない――驚くべき韓国中心思想である。

この考え方をもっと露骨に述べているのが、統一協会＝勝共連合の幹部、泰道臣の著書『アジアに希望の陽が昇る』だ。ここでは「男性韓国が、真理の国ということができれば、女性日本は産業の国といえるのではなかろうか。深遠な真理をもって語りかけてくる男性に、女性は何をもって返答するであろうか。結婚の約束が成った後は、仲人を立て、調度品を将来の夫のもとに収める習いがあるではないか。日本は、二十年間の驚異的な産業の発展を有している。この産業・経済を男性韓国へ結納として収める歴史的必然性がある」とまで言っている。

「祝福」の集団結婚や「万物復帰」の霊感商法・高額献金でむしり集めた多額の資金を韓国に送金することを、日本の結納の習わしに例えて合理化している。

――あらゆる民族の言語が、一つに統一されなければならないのである。それでは、その言語はどの国の言葉で統一されるであろうか？　その問いに答える問いは明白である。子供は父母の言葉を学ぶのがならわしである。人類の父母となられたイエスが韓国に再臨されることが事実であるならば、韓国語はまさに祖国語となるであろう。したがって全ての民族はこの祖国語を使用せざるをえなくなるであろう。

言語は民族固有のものだが、統一協会、勝共連合は世界の言語を韓国語で統一せよという。これは、自国民の優越性をとなえたナチス、ヒトラーでさえ口にしえなかった主張であり、韓国民を「選民」とし、韓国民の優越性を全世界に認めさせせようとする〝教義〟の重要な結論である。

統一協会はさすがにこの主張を他国に表出するのをはばかり、「原理講論」の日本語版だけでなく、英語版でもこの部分を削除している。つまり、この主張は韓国以外の他のどの国でも持ち出せず、心ある韓国の人びとをふくめて他民族から当然反発を買うとんでもないしろものであることを、みずから認めたことに等しい。

しかし、これを荒唐無稽なものと片付けてしまうわけにはいかない。この〝教義〟は「原理講論」の最高に位置する重要な結論であり、日本の統一協会では、韓国語を「お父さま（注・文鮮明のこと）の言葉」としてあがめて使うことが現実におこなわれている。

――それ故、イエスが再臨される韓国では、神が最も愛される一線であると同時に、サタンが最も憎む一線ともなるため、民主と共産の二つの勢力が、ここで互いに衝突し合うようになるのである。その衝突する線がまさに三十八度線である。……（略）……したがって、この三十八度線は民主と共産の第一線であると同時に神とサタンの第一線となるのである。それゆえ、三十八度線において勃発した六・二五動乱（朝鮮戦争）は、国土分断にもとづく単純な同族の抗争ではなく、民主と共産という二つの世界の間の対決であり、さらには神とサタンとの対決である。

朝鮮半島の38度線をサタンと神とが「衝突する線」と位置付ける韓国版「原理講論」は、同書の他の部分や、文鮮明のなどの発言と照らし合わせてみると、まさに朝鮮民主主義人民共和国への侵攻を突破口とした第３次世界大戦待望論である。

「原理講論」にはこうも述べられている。

――人類歴史の終末には、サタン側も天の側もみな世界を主管するところまでいかなければならないので民主と共産の二つの世界が両立するようになる。そして、この二つの世界の最終的な分立と統合のために世界大戦が起こるようになるのである。このように、第一次、第二次の大戦は、世界を民主と共産の二つの世界に分立するための戦いであり、この次にはこの分立された二つの世界を統一するための戦いがなければならないが、これが即ち第三次なのである。第三次世界大戦は必ずなければならない……。

韓国版「統一原理」で改ざん・削除された箇所は、現在発行されている「原理講論」には基本的に掲載されている（「前衛」22年12月号　小松公生「自民党と統一協会の癒着――統一協会の教義が示す反社会的カルト集団の本質（上）」）。それは「しんぶん赤旗」が日本語版を暴露したからであり、メディアからもいっせいに批判の主張があがったからである。

しかし、「民主と共産に分立している世界を統一するために第三次世界大戦は必ずなければならない」というあるまじき荒唐無稽の世界論を彼らは信じ込んでいた。

ジャーナリストの有田芳生氏は若い頃、京都市四条河原町の高島屋前で一人の女性からアンケートの声をかけられ、喫茶店で長時間やりとりした体験を次のように記している（改訂新版『統一教会とは何か』大月書店）。

――「第三次世界大戦はすでに始まっている」
「もしそうだとすればボク達はどうすべきだと思うんですか」
と尋ねると、
「破局にならない方法はあるんです」
と言って、自信ありげに
「今は言えないんです」

と思わせぶりに言うばかりだった。

「あなたがそれを知りたいのだったら、私たちが生活しているところに遊びに来ればいいわ。何人もの人が一緒に暮らしていて、みんな歓迎してくれるはずよ」

彼女は何度もこう提案した。

みんなが戦争しないという心に変われば戦争は防げる、そのためには方法があるという、その女性と有田氏は平行線をたどるばかりだった。

その女性の正体が統一協会員であることは明白である。「私たちが生活しているところ」とは、統一協会の出家者（＝献身者。職を捨て全生活を統一協会に捧げる信者のこと）が共同生活するホーム（合宿所）のことである。このやりとりからマインドコントロールされた彼女は、〝第三次世界大戦は必ずなければならない〟とする、荒唐無稽な統一協会の教義をすっかり信じ込まされていることがうかがえる。

第6章

霊感商法、高額献金
——金むしりの詐欺、犯罪

では「万物復帰」教義で霊感商法や高額献金がどういう手口で行われ、どういう実態なのか。ちなみに「霊感商法」のネーミングは「しんぶん赤旗」である。統一協会が宗教ではなく、宗教に名を借りた詐欺商法、犯罪であることを見抜いていたからこそ、こうしたネーミングができたのだろう。「霊感商法」の用語は被害者の救済に当たっている弁護団やメディアも使用し、今日では統一協会さえ使っている。

盲信の「経済活動」――「青春を返せ」

統一協会の活動は多様だ。「街頭アンケートでビデオセンターにつなぐ活動をするものもいれば、教義を教える仕事もある。さらには全国に300以上あった統一教会系企業で働くものもいれば、霊感商法に従事するものもいる。なかでも過酷なのはワゴン車で6、7人が寝泊まりしながら全国をまわる珍味売りや「難民カンパ」部隊だったりする。なかには3年間も車中で生活したため生理が十カ月も止まってしまった20代の女性もいた」（有田芳生　改訂新版『統一教会とは何か』）。という風に、統一協会では若者が集金装置として酷使されている。

では霊感商法に従事した人は実際どんな働きだったのか。「統一協会に青春を奪われた」――こう訴えて裁判を起こした男性（69）の証言を紹介したい（「毎日新聞」22年9月29日）。

「20年近く教団内で過ごし、『経済活動』という名の資金集めに奔走させられた」。東海地方に住むこの元信者は、「『理想の国』をつくると聞いていたのに、夢物語だった。騙された人生の貴重な時間を失った」。

――25歳ごろから霊感商法に関わった。教団の関連企業の自然食品店に勤め、訪問販売員として地域を回った。最初は数百円の豆乳や無添加の菓子を売った。毎週届けては世間話をして関係を築いた。そして信頼されてきた頃に「ちょっと高いけど高麗人参もどうですか」と持ちかけた。客の方から「体の調子が悪い」と打ち明けられることもあった。高麗人参エキス３００グラムを８万円で売り、「息子を亡くした」「家族となかなかうまくいかない」といった悩みを聞き出して、次は来店を促した。店の２階には大理石の壺が並ぶ展示スペースがあった。霊能者を装った先生役の信者がいて、事前に聞き出した悩みを言い当てる。その後家系図を示しながら「不幸の原因は先祖の因縁」などと言って、１００万円ほどする壺を売りつけた。拒まれると「あなたの家は大変なことになる」と不安をあおった。

何のことはない。〝客〟を誘ったこの男性があらかじめ〝霊能者〟役の信者に〝客〟の悩みを伝えてあり、悩みを〝言い当て〟ていたのだ。まさにマジックに「種のない仕掛けはない」を地で行く話である。しかし〝霊能者〟の〝マジック〟に〝客〟はすっかりはまってしまう。

――男性は20年近く教団で過ごした後、92年に「故郷で布教をするように」と命じられた。合同結婚式で一緒になった妻との間に幼い子供もいた。家庭を持つ信者が増え、生活費が教団の負担になったとなっていたとみられる。教団から支度金などは払われず、ほぼ「無一文」で施設を離れたという。

帰郷後やっと見つけた仕事の給料は、気づくと妻が献金をしていた。生計の維持に四苦八苦する男性に対し、家事や育児を放棄して教団の活動に明け暮れる妻。離婚を決意したがそれも教団の許可が必要で一筋縄ではいかなかった。次第に教団への恨みが募り「洗いざらい明らかにしよう」と思った。

「信仰と渾然一体」の印鑑販売

安倍元首相銃撃事件から1カ月後の8月10日、日本特派員協会で記者会見した統一協会の田中富広会長は、「霊感商法なるものを過去においても現在も当法人が行ったことはない」と大見えをきった。

しかし09年、霊感商法で印鑑販売の〝営業〟をしていた、統一協会系企業「新世」(東京都渋谷区)の社長ら7人の社員が、特定商取引法違反容疑で警視庁公安部に逮捕され、統一協会の渋谷協会が捜索された。特定商取引法とは、訪問販売や通信販売等の消費者トラブルを生じやすい取引類型を対象に、事業者が守るべきルールと、クーリング・オフ等の消費者を守るルール等を定めたものだ。東京地裁は、「新世」に対して罰金800万円、社長に懲役2年と罰金300万円、営業部長に懲役1年6カ月と罰金200万円。両者に執行猶予4年がつく有罪判決をくだし、判決が確定している。「東京地方裁判所が下した判決は特定商法違反では前例がないほど重い」（有田芳生　改訂新版『統一教会とは何か』）。

判決文は次の通りだった。

――被告会社は役員も販売員も従業員も全員が世界基督教統一神霊協会の信徒であるところ、設立当初から長年にわたり、このような印鑑販売の手法が、信仰と渾然一体となっているマニュアルや講義によって多数の販売員に周知され、販売員らはこのような販売方法が信仰にかなったものと信じて強固な意思で実践していた。

統一協会の信者を増やすことをも目的として違法な手段を伴う印鑑販売を行っていたものであって、本件各犯行は相当高度な組織性が認められる継続的犯行の一環であり、この点からも犯情は極めて悪い。

「新生」は統一協会のダミー営業部門で、社長以下全社員が統一協会の信者だった。統一協会の組織的な違反行為を認める判決は、刑事裁判としては初めてである。

「新生」事件の頃、実は警察は全国各地で霊感商法を摘発していた。

――しかしその後一件も立件されていない。統一協会側に損害賠償を求める民事訴訟はたくさんあり、原告（元信者）が勝訴している。統一協会本部の関与を認めた判決もある。にもかかわらず刑事事件の立件はなぜ「新生」事件の一件だけなのか究明すべき課題である。ジャーナリストの青木理氏はなぜ捜査が止まったのかという質問に対する警察幹部の答えは「政治の意向」だったことを明らかにしている（日限威徳　新装版『統一協会＝勝共連合とは何か』―柿田睦夫「再刊にあたって」）。

有田芳生氏は、警視庁公安部などが統一協会関連組織に立て続けで強制捜査に入った具体的事例を何件か紹介している。「新生」事件で警察が地元の統一協会の捜査は行われたものの、「さらに東京渋谷区松濤にある協会本部に捜査が進むかと注目されたが、『政治の力』でストップされた」（有田芳生　改訂新版『統一教会とは何か』）。

統一協会問題が「政治案件」だったことをうかがわせる。

「不安あおり高額印鑑　霊感商法トークマニュアル」

では霊感商法とはどんな手口だったのか。以下紹介するのは「新生」が使っていた「不安あおり高額印鑑　霊感商法トークマニュアル」である（「しんぶん赤旗」22年8月14日）。

――マニュアルの最初に書かれているのが「心情交流・賛美中心　ゲスト（注・〝客〟）に心を開いてもらう」ということ。「今何才ですか？」「大きな転換点に入っています」などと話しかけつつ、「性格、信仰心、財把握、ニードポイントを探る」といいます。早い段階で客の資産状況を探っていることがうかがえます。

「ニードポイントをつかむ」の項目にはこんなトーク例が。「今、具体的に気になっている事、解決したい事はなんですか?」。こうして客の心配事を聞き出し、「原因が因縁によって生じている事を印象づける」としています。

これらのトークの実例が、確定判決で事実認定されています。

■販売員「先祖の人たちは、たくさんの人を殺してきていますね。その因縁が、あなたの家に降りかかっています。ご主人も、その因縁のせいで、病気を患って亡くなったんですよ」

■販売員「あなたの家系に男性の早死にが多いのは、先祖の因縁があるからです」

統一協会系の印鑑販売会社「新世」のマニュアルは、客の不幸や心配事を「先祖の因縁」だと脅した上で、「『どうしたらいいの』という気持ちにさせる」とします。最終的に「印鑑を買い換えることで、運勢を良くすることができます」（確定判決）などと迫り、３本セットの印鑑を40万円や１２０万円などの高額で売りつけたとされます。

「財把握」とは、〝客〟の資産状況をつかむことであり、収入はどれぐらいか、自宅は自己所有か、広さはどうか、抵当権は付いていないか、預貯金額などをつかむことだ。このマニュアルには〝客〟を事務所に連れ込んでから1時間以内に「財把握」するように義務づけている。

次に家族や何代もの先祖まで遡って不幸や悩み事をつかみ、因縁を探り出し「印鑑を買い換えることで、運勢を良くすることだ」と印鑑購入につなぐという手口である。何代か先祖を遡れば大抵の場合、不幸や悩み事は出てくる。そこに付け込む。

――ただし、同社の活動は印鑑販売の段階で終わったわけではありません。公判で検察は、その他の押収資料の分析や販売員らの供述などから、論告でこう指摘しました。

「(同社は) 印鑑販売によって得た客をフォーラムに参加させた上、教育部や婦人部等でトレーニングし、実践部隊として統一協会の信者にしていき、信者献金をさせることを一連の成長として連続的にとらえていた」

印鑑販売は「入り口」であり、そこから「相手の信者化を図り、その過程で客の全財産を統一協会とその関係者に拠出させることをシステム化して実践していた」として、裁判所に処罰を求めたのです (同前)。

印鑑購入を入り口にして相手を統一協会のビデオセンターに誘い込み、繰り返しビデオを視聴させて統一協会の教義を刷り込ませ、信者にしていくシステムが「トークマニュアル」から読み取れる。

前出の記事は、「現在、統一協会は路上で通行人に声をかける手口の印鑑販売を行っていないとされる。しかし、全国弁連代表世話人の山口広弁護士は『先祖の因縁』で不安をあおり、多額の金銭を繰り返し拠出させる統一協会のシステムは変わっていない」と締めくくっている。

80年代霊感商法の被害者が増え、87年に結成された全国霊感商法被害者対策弁護士連絡会などによって、被害者の救済と統一協会の反社会的活動の告発が強められていく。その年には、弁護団や消費者センターなどに寄せられた相談は２６４７件、被害総額は約１６４億円に上った（「毎日新聞」22年９月29日）。メディアが大きく報道し霊感商法が社会問題化し、統一協会は街頭でのアンケート活動や訪問活動で公然と霊感商法を行うことがやりづらくなって行く。90年代に入り一人当たりの被害が高額化しているのは、その分一人からむしり取る額が大きくなったことをうかがわせる。霊感商法が行き詰まってくると、不安をあおる同様の手口で、直接信者からむしり取る献金活動を強めていく。

山上容疑者の母親が入信した91年頃の時期は、統一協会が献金活動を強め始めた時期と重なる。高額の献金を続けた山上容疑者の母親は自己破産する。山上容疑者が「母の入信から億を超える金銭の浪費、家庭崩壊、破産……。この経過と共に私の10代は過ぎ去りました」（ノンフィクションライター・米本和広氏への手紙）と述懐した時期である。

「上から献金の指示が容赦なく降ってくる」

安倍元首相銃撃事件後、統一協会の元教団幹部が「信徒の現状と家庭連合の根本的課題」と題する、高額の献金の手法について告発する手記をメディアに公表した。手記の主は「世界平和統一家庭連合（家庭連合／旧・統一協会）日本本部　家庭教育局　元副局長　櫻井正上《まさうえ》」氏。

父が日本協会第5代会長の櫻井設雄氏（故人）、母が原理講師の節子氏という、教団草創期からの統一協会エリート夫妻の長男である。櫻井氏は山上徹也容疑者による安倍晋三元首相殺害事件をきっかけに、教団の内情を多くの人々に知ってほしいと手記を執筆したという。教団側から見た高額献金の手法がよく分かる。手記の冒頭でこう反省の弁を述べている。

――私は98年から17年家庭連合の方針に反する意見を表明したかどで解任されるまで約20年近く日本家庭連合本部に所属し、信徒の家庭と青年の教育に携わってきました。先月の痛ましい事件から1月半が経ちますが、一国の指導者、この国になくてはならない方を失った悲痛な事実にと、その要因が家庭連合信徒の家庭の困難と破綻あったという事実に、この間、深い痛みと責任とを感じてきました。今回のことで深い傷を負われた方々と思う時かける言葉も見つかりません……。

さらに高額献金について「日本の協会が進めてきた献金・集金のやり方は、明らかに、社会的モラルに反するもの」と教団の姿勢を批判する。

――最初の記者会見（7月11日）で現（田中富広）会長は日本協会本部が信徒個々人に「ノルマ」（献金の数値目標）を課すことはない、と答弁されました。確かにそうだったかもしれません。が、本部が全国の「現場協会」に無理なノルマを課していたことは、内部の人間なら、誰もが知る事実でした。また、献金は「個々の意思によるもの」ということですが、献金を「しなければならない」といった空気を作り出し、信徒に過度なプレッシャーを与えていたのも、また事実です。

２度目の記者会見（８月10日）では、09年以降、法令遵守を徹底しているといった説明がなされましたが、今回問題となったのは、「外部」に向けられた物販活動ではなく信徒たち「内部」に向けられた献金圧迫の問題でした。そして、それは09年以降も変わらず続いていました。

「個々の意思によるもの」というのは、「（違法行為は）組織としてやっていない。信者個人がやっていること」と言い逃れる統一協会の常套文句である。献金のノルマがあったこと、「新生」事件以降統一協会が「法令遵守」をうたったのは、「外部」向けの「物販活動」であって、信者「内部」で強要する献金ではなかったと明かしている。「新生」事件で霊感商法に打撃を受けた統一協会は、信者からむしり取る献金活動にいっそうシフトしていったことがうかがえる。

また櫻井氏は、信者たちが置かれている状況について「私自身が二世でもあったし、役職上、二世たちの痛みや苦悩も数多く見聞きしてきました。家庭の平和を守ろうという組織なのに、献金によって家庭が破綻したら本末転倒です。家庭の問題を何とかしようとしても、その原因となる献金の指示が容赦なく上から降ってくるのです」と証言し、「お金集めがすべてに優先される」「狂った組織文化」とまで言い切っている（「週刊文春」22年９月15日号）。

「献金300億円」信者圧迫　年間目標へ厳密ノルマ

同じく櫻井氏を取材した毎日新聞（9月10日）は、櫻井氏がいみじくも言った「献金の指示が容赦なく上から降ってくる」実態をリアルに報じている。

――献金は「11条献金」と言われる信者の収入の1割を収める定期的なものと、それ以外の「特別献金」に分かれていた。特別献金は「路程」と呼ばれる期間と目標額が設定され、本部から各地区組織にノルマが割り振られた。

（中略）ノルマを達成できなかった場合は「路程」が延長された。各教区協会は集金役の信者によって他の信者の資産状況を把握し、親族の冠婚葬祭があればその供養名目などで現金を求めていたという。

――90年代末ごろから過去の罪を償うために先祖の「解怨《かいおん》」（供養）や「祝福」が必要だという、元の教義にかなった教えが広められ、そのためには現金が必要だと盛んに言われるようになった。霊感商法が問題になった後は、物品の販売ではなく高額献金に対して塔のオブジェや祈願書を贈るようになった。

——当時の教団は、総額月24億円の献金目標を掲げていた。実際に達成されたかは分からないがノルマ以上の献金獲得を達成する協会も珍しくなく、現実的な推移だと思う。局長会議で配られた資料の円グラフは、献金の3割が韓国の世界本部に送金されているという内容だった。

櫻井氏はそう明かし、韓国への送金を「年100億円程度だったのではないか」と推計する。信者から年間約300億円をむしり取っていた勘定になる。

櫻井氏がいう、先祖「解怨」「祝福」献金とはどういうものなのか、統一協会の冊子「先祖解怨・祝福受付ガイドブック」（第5版）によって詳しく見ておきたい（「しんぶん赤旗」22年10月22日）。

——子孫が先祖解怨をすると、地獄にいる先祖の霊は解怨で統一協会の教義を学びに行くとされます。

地獄から抜け出るには献金が必要です。献金をしなければ先祖の霊は学びの場に行けず、待機場所にとどまるといいます。一定時間までに献金を完成しないと、先祖の霊は地獄に逆戻りをし、いっそう子孫を恨んで悪さをするというのです。

（中略）先祖解怨の次には、別の献金が待ち受けています。先祖の霊を霊界で先祖祝福＝集団結婚させるための祝福献金です。ここまでしてやっと先祖は「善霊」なり、子孫を守ると信者に教え込みます。先祖解怨と先祖祝福をする際には、それぞれ韓国・清平（チョンピョン）までいって2泊3日の祈とう会に出ることが求められます。もちろん参加費が必要です。清平までは統一協会系の観光会社を通じていくことになり、ここでも協会側に金が落ちる仕組みです。

（中略）先祖解怨式は99年から始まりました。当初は120代前の先祖まででした。それが210代前となり、さらに現在では430代前までさかのぼっています。ここまでくると縄文時代の先祖まで対象になります。信者の夫婦が先祖解怨先祖祝福を全て達成しようとすると優に1000万円を超える献金が必要となる仕掛けです。〝ぼったくり〟そのものです。古参の元信者は指摘します。「先祖解怨なんてもともと統一協会にはなかった信仰だ。（信者のためでなく）教団のためにやっている」。

献金をあおる〝教団幹部の音声〟

安倍元首相銃撃事件から1カ月あまりが過ぎた頃、「『献金の報告会』を録音か〝教団幹部の音声〟を入手『ノルマ示した証拠』との指摘も」という「Yahoo!ニュース」（8月14日）が流れた。ANN系列のものだ。音声は13年、統一協会の全国の地区協会長を集めた「献金の報告会」の様子を録音したものという。音声データだけあってリアリティに富んでいる。

■（旧統一協会幹部のものとみられる音声）勝利（献金目標を達成）したところがあまり

にも多くて表彰準備するときも大変でした。今まで一番、お金を現場に賞金としてみなさんに配りました。

教団は献金の目標を達成した協会長らに対し、賞金を出していたともとれるような発言も。さらに。

■（旧統一協会幹部のものとみられる音声）今、皆さんの113の協会が年間目標を勝利いたしました。一旦、年間勝利していますので、この牧会者（協会長）、その婦人部長、皆が「今後、11月12月のＫ（献金）の目標に対してどうするんだ」と、大変心配していらっしゃいますが、（目標額）100％を超えたところの分は2014年にそのままカウントして評価してやりますので、皆さん11月12月も、本当にしっかり頑張ってほしいなと思います。

献金の目標を早めに達成しても成果は次の年に繰り越せると言って、教団幹部は協会長らに奮起を促します。

■（旧統一協会幹部のものとみられる音声）最近お母さま（韓鶴子氏）が新しい「天聖経」「平和経」、出版された本に対して韓国の食口（信者）たちにも12月までに全て完読しなさいという指示が出されまして、日本はもちろんＴＤ（特別献金）の摂理がありますけれども日本も全食口に対して〝贈呈〟しないといけないのではないかと。

〝贈呈〟とはそのままの意味ではないと、ジャーナリストの鈴木エイトさんは指摘します。

■（ジャーナリスト　鈴木エイト氏）「〝贈呈〟というとあたかも何かをもらえるみたいな感じですけれども「天生経」を贈呈するために献金をしなさいという指示ですよね。

■（旧統一協会幹部のものとみられる音声）それで今、40Ｋ（40万円）勝利した方が3万6260家庭が現在あります。3万6260家庭に総会長の大きな計らいのもとにですね、さっそく一旦、とりあえず140Ｋ勝利（140万円の献金達成）しなくても一旦とりあえず現場に（本を）全部〝贈呈〟するようになりました。これからですねＴＤ（特別献金）の摂理のために頑張ってくださいませ。

■（鈴木エイト氏）140万円献金してなくてもとりあえず、40Ｋ勝利した人＝40万円献金した人に「天聖経」を授けるといっています。だから（後から）140万円を納めてくださいねって発破をかけてる。明らかな献金ノルマを示した証拠の音声だと思いますね。

これまで「ノルマ」を否定し続けてきた教団。番組が入手した音声をもとに、「目標を設定し献金を集めていたのか」と尋ねると、文書でこう回答しました。

「（勝利とは）信徒様からの感謝の証としての献金が適切に捧げられたかに関する年間目標が法人「全体」として成し遂げられたという意味です。もちろん強制ではありません。完全にノルマではないと説明できますが、なにか？

■（元二世信者）（協会に）献金した人の名前がずらりと並んでいて、選挙に当選したときに花とかつけるじゃないですか。そういう感じで。

こう証言するのは、両親が合同結婚式で知り合ったという元二世信者です。

■（元二世信者）壺も家にあります。少なくとも4つはありました。（家に）置いてある協会のグッズを見る限り、3000万円以上は献金しているんじゃないかな。

自宅には1冊数百万するといわれる、本が5冊も。さらに、国民証なるものまで……。

■（元二世信者）経済状況は良くなかったですね。小学生の時とか、すごいひどくて、私の母親も自己破産していたみたいで。親の銀行口座を銀行についていったときに見たら、110円とかしかなかったりとか。

少しずつ教団に対し疑問をもち、脱会したそうです。

■（元二世信者）もう本当にむかつくし、報道とか見ていても、もうなんだろう……怒りしかないです。30年くらい前からもう反社会的な団体だって言われていたじゃないですか。霊感商法とか、合同結婚式とか、なんであの時にもうちょっと規制しなかったのか。一度全体的に政治の世界を精査して清算してほしいなって思います。

目標を持たせ信者を競い合わせ献金をあおっている様がリアルである。なぜ高額な献金が行われるようになったのか。霊感商法の社会的批判が強まり、裁判で「信仰と渾然一体」と断罪されたことがあり、高額献金にシフトしていったのだ。

本部宮殿建設資金のために新たな献金

日本各地で霊感商法や高額献金で〝客〟や信者からかき集めたお金を、筆者はこれまで「むしり取る」と表現してきたが、10月10日全国弁連が文科大臣と法務大臣に「統一協会の解散命令」

を請求するよう求めた記者会見で、川口弁護士は霊感商法や献金活動を〝搾取〟と表現した。「むしり取る」より搾り取る意の〝搾取〟の方がより実態を表している。その〝搾取〟したお金は、百億円規模で毎年統一協会の本部に送金され、統一協会本部関連施設の建設や運営、文鮮明一族の生活遊興費、韓国内やアメリカでのビジネス展開や資産買収などの源資になっている。

統一協会が「世界の祖国」「聖なる地」と位置付けている、ソウルから高速道路を2時間ほど走った京畿道加平郡清平の湖を望む地に、「天苑宮」という建築物を中心した巨大開発が23年5月オープン予定で進められている。この巨大開発は、12年文鮮明亡き後、妻の韓鶴子現総裁が13年から推進しているものだ。

――統一協会が公開した映像によると、天苑宮の本館は白亜の石造建築で高さが最高68メートル、幅108メートル。「正統クラシック様式」で、エントランスタワーから本館まで236メートルあります。本館は統一協会の本拠地で「中央庁」と位置づけられています。ほかにも▽文鮮明、韓鶴子の「生涯記念館」▽野外彫刻公園や美術館――などがあります。文字通り一大プロジェクトで、統一協会は「地上天国のモデル」と称しています。

韓鶴子自身は天苑宮の位置付けをこう説明しています。「天苑宮は地上におられる真の父母（文鮮明、韓鶴子のこと）が人類と全ての国を治められる場所です」（19年7月）。韓鶴子、統一協会が天苑宮から世界を治める、というのです（「しんぶん赤旗」22年10月18日）。

これは〝宗教教団〟が巨大なシンボルをつくることでは統一協会も例外でないことを示している。

その天苑宮の建設資金集めのために、日本の協会員に対して１８３万円の献金の大号令がかけられている。１８３万円という数字は、23年に文鮮明が生きていたら１０３歳、韓鶴子総裁は80歳になるので、その合計に万をかけたものとされる。まったく出鱈目な数字の献金目標に信者はあおられている。「安倍晋三元首相銃撃事件後、高額献金に社会的批判が高まったことで、統一協会は日本本部の予算を半分にすると表明しました。しかし、天苑宮建設のための献金は〝別枠〟です」（前掲「しんぶん赤旗」）。

統一協会は〝企業型宗教〟〝経済部隊〟〝宗産複合体〟

〝客〟や信者から〝搾取〟したお金は、統一協会本部の運営や巨大開発、文一族の贅沢三昧に充てられただけでなく、韓国やアメリカで統一協会のビジネス展開や資産買収などの原資になっている。

まず統一協会は韓国社会でどう見られているか。朝日テレビ「ワイドスクランブル」（８月24日）にリモート出演した韓国昌信大学のタク教授は、30歳以下の若者は宗教団体としてよりも多様な事業や文化教育活動をしている〝企業型宗教〟と見ていると言い、統一協会本部の〝元ナンバー２〟のカク・ジョンファン氏は〝経済部隊〟と証言している。ちなみに有田芳生氏は統一協会と関連組織を〝宗産複合体〟と特徴付けている（改訂新版『統一協会とは何か』）。

同番組は、韓国のキリスト教の主要教団は統一協会を〝異端〟扱いしているが、ビジネス界では強い影響力があると紹介。韓国金融監督当局と統一協会の資料では、統一協会が連携する系列企業の総資産は約1900億円という（「京郷新聞」12年9月3日）。韓国キリスト教統一教対策協議会の発表によれば、公開された系列企業は一部にすぎず、全世界の関連企業は50社以上、総資産6000億円以上とされる（「ヘラルド経済新聞」12年9月3日）。同協議会事務総長は「統一協会の正確な資産規模は推測できず実際は天文学的な水準に及ぶ」（同前）という。

ではどんなビジネスを展開しているのか。韓国で有名な清涼飲料水を販売する食品会社、平昌冬季五輪で使われたスキー場を有する龍平リゾート、その他マスコミ、建築、教育（中学校、高校、大学経営）の分野に進出しているという。「（統一協会が）平昌冬季五輪が開かれる前にその地域の多くの土地を確保しています」「済州島が〝特別自治区〟になる前も多くの土地を確保しています」「経済的利益を得ていると分析することができると思います」（前出・昌信大学タク教授）。政権に取り入り、情報をつかみ利権を得ていることが分かる。

反共を掲げる統一協会は60年代軍事クーデターで政権についた朴正煕大統領に接近。ロビー活動を積極的に行い急成長したとされる。タク教授はいう――「自分たちを支援してくれる積極的支持勢力を必要としてきました。既存宗教からの批判から守ってくれる後ろ盾が必要だったのです」。

98年年2月、革新派の金大中が大統領選で勝利すると、大統領就任式の翌日文鮮明は与党のトップらと会談。自ら政党本部へ訪問するのは異例とされた。そこで統一協会側から二つの提案があったという。一つは前年韓国通貨危機によってウォンの価値が大幅に下落し経済困難に陥ったことに対して、統一協会側は「世界中の統一協会組織を総動員し資金を集める」。二つ目は金大中大統領が北朝鮮との融和を望んでいたことに対して、「北朝鮮に教会を建設する予定だとして政府レベルで協力を要請」した。

旧ソ連や中国、そして北朝鮮は「共産主義」「共産国」とはとても言えない国家である。北朝鮮に至っては世襲の王朝国家ともいうべき国家であるが、一般には〝共産主義国〟と見られている。反共を掲げる統一協会が北朝鮮に教会を建てるとは一見驚きだが、統一協会は軍事独裁政権であろうが、保守政権であろうが、革新政権であろうが、〝共産主義国〟であろうが、政権に食い込んで経済進出することが目的だった。実際文鮮明は、91年韓国政府も知らぬうちに電撃的に北朝鮮を訪問し金日成と会談している。北朝鮮は南浦（ナンポ）に広大な工場用地を提供し、統一協会側が7割、北朝鮮側が3割を出資して合弁会社「平和自動車」を設立している。北朝鮮ばかりでなく旧ソ連や中国にも投資して統一協会系企業を進出させている。

霊感商法で〝客〟、信者から搾取した献金はアメリカのビジネスに

では早い時期からアメリカに経済進出していた統一協会はどういう〝成功〟を収めていたか。

アメリカの一流紙、ニューヨークタイムズの電子版（21年11月8日）が、「知られざるアメリカの寿司の物語」（The Untold Story of Sushi in America）という長編記事を掲載している。

——日本食の代表として今や世界中に知られる寿司をアメリカに広めたのは日本ではなく、韓国発のカルト「統一協会」である。統一協会の教祖・文鮮明氏が80年にニューヨークで「マグロの道（The Way of Tuna）」という演説を行い世界の食糧問題を解決し、未来の食の救世主となることを宣言したという。そのためにまず造船を行い、その後漁業と海産物加工に手を伸ばし、最終的に供給ネットワークを構築することを目指した。

実際に統一協会は「True World Foods」を創立。21年には8300以上の顧客を持ち、寿司レストランの7割から8割の食材供給を担い、年間で500億円もの売上を誇るなど、名実ともにアメリカの寿司文化の屋台骨となっている。統一協会が寿司レストランのビジネスに手を伸ばすのはこの海産物の供給のネットワークが完成してからのこと。80年代から統一協会は100以上の寿司レストランを開業。そこには文鮮明氏と共に海を渡った日本人信者らの活動があり、寿司職人がいない場所では日本人に渡米して寿司レストランを開業しないかとのオファーもあった。

現在「True World Foods」の公式サイトに統一協会の色は見られないが、アメリカで寿司を食べると、かなりの確率で統一協会にお金を落とす状況ができあがっている。統一協会といえば1982年には文鮮明氏が「ワシントン・タイムズ」という保守系新聞を創立し、コロナ禍初期には「新型コロナは中国の生物兵器プログラムに関連する研究所で作られた」(Coronavirus may have originated in lab linked to China's biowarfare program)とする世界的なフェイクニュースの発信源にもなった……。

文鮮明はアメリカで事業ビジネス展開するために、霊感商法で〝客〟や信者から〝搾取〟した資金を元手にしただけでなく、信者をも引き連れて早い時期から渡米していたのだ。寿司文化が広がったことは、和食文化が評価されたこととして喜ばしいことである。しかしアメリカでは宗教団体であることを隠しながら統一教会系企業が巨大ビジネスを展開し、莫大な利益を上げてきたのだ。統一協会がアメリカに進出して以降、寿司関連ビジネスのほか、メディア、ホテル、不動産などの分野で企業を立ち上げている。アメリカに渡った資金は４７００億円以上とされる。こうなると統一協会の目的が〝宗教〟の布教ではない、宗教を利用したビジネス――そこには金も人も徹底した「日本利用」というしたたかな戦略があった。

アメリカでは「文鮮明の機関」

朴正熙軍事独裁政権時代にアメリカに渡っていた文鮮明はいわゆる「コリアゲート事件」(76年)に深く関わっていた。今から40年以上も前に政治と統一協会との関係が問題となった「コリアゲート事件」で、強い危機意識を持った米連邦議会は調査委員会を設置し、驚くほど精密な調査を行った。

以下『田舎のセックス教団』と見られていた統一協会の野望を40年前に見抜いていた、米『フレイザー報告書』の慧眼」（「集英社オンライン」22年10月26日）による。

――70年代初めのこと、ニクソン米政権が在韓米軍の削減・撤退の方針を打ち出した。北朝鮮への抑止が弱まることを危惧した韓国政府は米政界に働きかけ、その方針を撤回させようとした。いわゆる「コリアゲート疑惑」（76年）――韓国の朴正熙（パク・チョンヒ）政権がKCIA（朴政権時の中央情報機関）や実業家を使って、不正に米国の内政・外交に影響力を及ぼしているのではないかという疑いが浮上した。その工作の重要な「実働部隊」となったのが、文鮮明率いる統一協会の関連組織である。

「コリアゲート疑惑」の調査を担当したのが米下院の国際組織小委員会である。民主党のフレイザー議員が委員長を務めたことから、「フレイザー委員会」と呼ばれる。その「フレイザー委員会」が77年から1年半にわたり、11カ国、1563回の聞き取り、123回の召喚状、20回の聴聞会、37人の証言記録をもとに作成したのが「フレイザー報告」である。その量は膨大でじつに447ページにも及ぶ。

「フレイザー委員会」の報告書は、それまで米国内で「田舎のセックス教団」（シカゴ・トリュビューン紙　78年3月28日付）扱いされていた一連の統一協会関連組織を「文鮮明の機関」（Moon Organization）と結論づけた。

統一協会は〝企業型宗教〟〝経済部隊〟〝宗産複合体〟であるばかりでなく、ＫＣＩＡとつるんだ不正工作の「文鮮明の機関」だった。

統一協会問題は韓国生まれのカルト教団が日本の政界だけでなく、後に述べるように国政、地方自治体、労働、文化、学術の分野まで食い込み歪めようとした日本の主権にかかわる問題である。岸田政権は統一協会との関わりについて所属国会議員の自主申告による〝点検〟で済ませ依然及び腰である。それに対して詳細かつ踏み込んだ、フレーザー委員会の調査と何という「日米差」であることか。

本稿を脱稿する間際、ジャーナリストの有田芳生氏がフレーザー委員会の報告書に衝撃的な内容があることを明らかにした。

——報告書は、旧統一教会と韓国政府、韓国中央情報部（ＫＣＩＡ）との密接な関係のほか、教団の関連企業が韓国の軍需産業の一翼を担ってライフル銃や対空砲の部品生産を行い、第三国へ輸出する工作さえしようとした、と指摘している（「AERAdot.」12月８日配信）。

——旧統一教会は「軍事組織」——有田さんの取材によると、警察は旧統一教会について「軍事組織」をも持っているという見方をしていたという。「統一教会は60年代後半に２５００丁の空気散弾銃を日本に持ち込んでいる。銃砲店もつくった。なので、当時から警察は統一教会を単なる宗教団体とは見ていなかった（同前）。

――この軍需企業が、日本へ空気銃を輸出した「統一産業」である。68年に輸入したのは「幸世物産」で、ともに名の知れた旧統一教会の関連企業である。「空気銃」といっても、おもちゃのようなしろものではまったくない。73年4月の衆議院内閣委員会での答弁によると、「鋭和３Ｂ」空気銃は10メートル離れた厚さ2センチの板を貫通する威力がある。当時の通商産業省重工業局長は、「（鋭和３Ｂは）現実に輸入されましたものが1万５７００丁でございます」と説明。中路雅弘衆院議員も、「非常に殺傷能力を持った銃」と語っている（同前）。

通商産業省重工業局長の説明は、衆議院内閣委員会での中路雅弘議員（共産党）の質問に対する答弁だった。中路議員の質問は次のようなものだった。

――要するに反共を団体の主義主張とする右翼の団体だということは御答弁されているのですが、この団体と直接資金的なつながりがある統一産業というのが、韓国から、いまお話しのように、すでに一万五千七百丁の鋭和３Ｂという銃を輸入している。その名目は競技用ということで輸入されているわけですね。しかし日本ライフル射撃協会は、これは競技用として使用するには欠陥銃だということで、先ほどお話しのように、使用を禁止している。だから３Ｂの独自の射撃場をつくっているわけですけれども、それは全国で、いまお話しのように八カ所しかない。しかし現に銃は、所持を許可しているのは七千七百四丁ある。こういった状態で、許可したのは七千丁、そしてすでに一万五千七百丁も輸入されているということは、この点では治安、安全その他にとっても、また輸入の方法にとっても、競技用ということでこれだけの大量のものを競技場もないという中で輸入されるということは非常に不当だと思いますが、この点について御意見をお伺いしたいと思います（衆議院会議録　73年4月28日内閣委員会）。

第3章で統一協会が反社会的集団にとどまらない犯罪集団と特徴づけされたが、販路が確かでない、殺傷力が高い空気銃を大量に輸入していたとは犯罪集団そのものである。

第7章

食い込む統一協会、癒着する自民党

8月10日、第2次岸田改造内閣が発足した。岸田首相は内閣改造で全閣僚に統一協会との関係を厳正に見直し、統一協会と何らかの接点がある閣僚を「一掃」するはずだった。しかし閣僚19人のうち8人が、副大臣、政務官を含めると76人のうち33人（43％）が統一協会系と接点があった。もはや統一協会と関係のない国会議員だけで内閣を構成することができないほど深刻な癒着ぶりだ。

自民党国会議員の5割近くが接点

旧統一協会との関わりを巡り、自民党執行部は当初全所属議員を対象にした調査には後ろ向きだった。党幹部の一人は「最初は教団と関係が深い清和会（安倍派）だけの問題だと思っていた。『自民党の問題』という認識がなかった」（「毎日新聞」9月8日）。自民党の茂木幹事長は7月26日の記者会見で「党としては一切関係ない」と述べ、統一協会との組織的な結びつきを否定。関係の「点検と見直し」を個々の議員本人に委ねるとした。自己申告による点検である。本来ならば党としてカルト教団との接点とその動機、そして公正な民主主義が脅かされることがなかったかどうかなどをきちんと調査すべきことである。その後、党所属議員と教団側との深い関係を示す報道が相次ぎ、調査・説明に消極的な自民党の姿勢や安倍元首相の国葬に批判が高まった。内閣支持率が急落し、自民党は8月26日、ようやく所属する全国会議員に対し、点検結果を党に報告するよう求める通達を出し、9月8日集約結果を公表した。

それによると、自民党所属の国会議員３７９人のうち１７９人（47・２％。その後追加されて１８０人）が統一協会と関係があった。集約は自主申告による「点検」だったが、それでも５割近い議員が統一協会と接点を持っていたとは極めて深刻な統一協会汚染ぶりである。

そのうち、「一定の接点があった」と認定された１２１人の氏名が公表された。茂木幹事長は、「結果を重く受け止めている。率直に反省をし、今後は旧統一協会と一切関係を持たないことを党内に徹底をしていく」と言わざるを得なかった。その自主申告による点検項目は、「会合への祝電など」「広報誌でのインタビューなど」「関連団体への出席」「協会や関連団体への会費類の支出」「寄付やパーティー券などによる収入」「選挙ボランティア支援」「選挙支援の依頼や動員などの受け入れ」という表面的・外形的な項目ばかりである。

ジャーナリストの鈴木エイト氏は、自民党が「点検」公表する前日調査方法自体について、こう疑問を呈した。

――自民党執行部が教団との組織的関与は「一切ない」（茂木敏充幹事長）と強調してきただけに、（教団との関係が）濃い議員ほど（調査に）答えにくい。党との組織的関係があるようなことを書けなくなっていると指摘。本来なら他の議員について（教団との関係で）知っていることを書いたら本人の責任は免除するなど、司法取引的なやりようはいくらでもある。そういう手段を全く取らないで自己申告させているのは意味がない（９月７日立憲民主党でのヒヤリング）。

共産党の志位和夫委員長もこう述べた。

――自民党自身が「点検であって調査ではない」と言っている。8項目を示して、表面的・外形的なチェックポイントについて点検を行って、それを集約するだけだ。集約する中身も一部しか出さない。これは、およそ調査と呼べるものではない。調査するのであれば、表面的外形的な接点だけでなく、なぜそういう癒着が生まれたのか、そこまで掘り下げてきちんと調査する必要がある（9月8日記者会見）。

「点検」結果の公表後から続々「修正」が出てきた。木原誠二官房副長官が統一協会（世界平和統一家庭連合）の関連団体のパネルディスカッションに16年12月に参加。山本朋広元副防衛相は教団主催の会合に出席。今村雅弘元復興相は12年と13年に教団関連の会合で挨拶していたという有様だ。木原氏は「（外部の指摘によって）会合への出席の記憶が呼び覚まされた」と他人事のようにとぼけたコメントをした。留任した山際大志郎経済再生担当相は、「しんぶん赤旗」日曜版が統一協会の開祖・文鮮明が参加したイベントであいさつしたことを報じると、「報道をみる限り出席したと考えるのが自然」などと無責任な姿勢に終始していたが、結局参加を認め、ついには辞任に追い込まれた。という風に「点検」のずさんさが早くも露呈。茂木幹事長は「時機を見て集約して公表したい」と記者会見せざるをえなくなった。その後も点検〝漏れ〟が相次いでいる。

「点検」の最大の問題は、「本人が亡くなられた今、十分に把握することは限界がある」（岸田首相）として、もっとも統一協会とズブズブの関係にあった安倍元首相を「点検」対象から外したことである。安倍派前会長で、教団との接点が複数指摘される細田博之衆議院議員についても議長就任に伴い、党籍を離脱していることを理由に外している。これでは統一協会とのつながりの全容解明にはならないし、統一協会と手を切るといっても切れるものではない。点検はアリバイ作りと言われても仕方がない。

ところで統一協会と濃密な接点があり、自民党の派閥の中でもっとも接点議員が多かった最大派閥の安倍派（＝清和会政策研究会）の対応はどうか。安倍派は「国葬」を１週間後に控えた９月19日、都内のホテルで研修会を開いた。会長代理の塩谷立氏は「統一協会の問題では迫害され、悲しみと辛さ、不愉快さの中で我々は耐え忍んでいる」と挨拶。統一協会との関係を反省、見直すどころか、〝被害者〟ぶっている有様だ。自民党は救いようがないほどに汚染されている。

野党の臨時国会開催要求を拒んできた与党は、９月29日ようやく臨時国会を開いた。岸田首相は議員任せの自主申告による点検を「８分類にわたって行動を点検し、党として整理、集約する対応を取っている政党はわが党だけだ」と胸を張り、「統一協会とは関係を断つ」と繰り返し答弁する一方で、「これからどうするか」――被害者救済や高額寄付の制限、統一協会への「質問権」の行使に焦点を当てた対応策に終始している。それらはそれぞれに被害者が求めていることであり、必要なことである。しかし統一協会との野合・癒着がなぜ起きたのかまで掘り下げないまま、「これからどうするか」ばかりの議論に焦点を置くのは、統一協会問題の究明と対策にフタをするものであり、統一協会ときっぱり手を切る障害になる。統一協会の被害をここまで広げ、政治を歪めたのは、自民党が統一協会とズブズブの関係にあったからだ。「こういう事件に至る経過をちゃんと検証しないとまた同じことが起きてしまう」(第2章で引いた鈴木エイト氏の言葉)。そこへの真摯な反省こそ必要である。

地方議会・議員、首長、自治体に食い込み、市民権を狙う

統一教会は地方議員、知事や市長など首長、地方自治体にも食い込んでいる。

「朝日新聞」は全国の国会議員と都道府県議、知事計3333人を対象に8〜9月、「世界平和統一家庭連合」(統一協会)との関係を尋ねる大規模なアンケートを実施し、9割近い2989人(回答率89・6%)から回答を得た。調査項目は自民党とほぼ同じである。教団や関連団体と接点があったことを認めたのは計447人だった。認めた内訳は、国会議員150人の他、都道府県議290人、知事7人。教団との接点が国会議員にとどまらず、地方議員や知事にも広がっていた実態が浮き彫りになった。

さらに共同通信の調査によれば、統一協会やその関連団体と接点があった都道府県議は少なくとも334人、うち自民党が8割を超えた。知事は13人、市長は9人だった(「毎日新聞」22年12月5日)。

統一協会は自治体にも入り込んでいる。筆者在住の大阪の事例をいくつか紹介したい。

堺市は19年、20年、21年、「世界平和統一家庭連合　堺支部」の「純潔ラリー&マーチ」などのイベントに公園を利用させ、21年には堺市が統一協会関連団体「ピースロード」を後援していた。

「純潔ラリー&マーチ」も「ピースロード」も統一協会が取り組んでいるイベントである。統一協会のホームページには「純潔ラリー&マーチ」は、「多発する家庭内での事件や青少年の淪落など、増加の一途をたどる家庭問題に警鐘を鳴らすと同時に、平和を唱える運動」、「ピースロード」は『One Family under God』のビジョン」のもとに「自転車で全国を走りながら、人々に世界平和と日韓友好を訴える草の根プロジェクト」と説明されている。

共産党市議団の追及に対して、永藤英樹市長は「今後後援しない」と答弁。一方で、「当時、関連団体が関与しているとの認識なく（後援を）承認したもので、（さかのぼって）取り消すことは考えていない」とした。

しかし「純潔ラリー&マーチ」も「ピースロード」も、ネットで少し調べれば統一協会のイベントであることはすぐわかることだ。そこに出てくる「One Family under God」（神様の下の一家族）は、統一協会のアイデンティティを指す核心の言葉である。

松原市では、世界平和統一家庭連合（統一協会）が歩道の清掃活動をしていることが判明している。市内の歩道脇に背丈の低い支柱付きのボードが立つ。説明書きには「この歩道は大阪府アドプト・ロード・プログラムにもとづき、世界平和統一家庭連合が清掃活動をしています」とある。「プログラム」は、大阪府が管理する道路の一定区間において、地元自治会や団体が自主的に清掃や緑化等のボランティア活動を実施する場合に大阪府と関係市町村がボランティア団体として認定し、三者が協力して地域に愛されるきれいな道路づくりや地域の環境美化に取り組むことが目的とされる。

大阪府によると、このボードは今年4月に設置された。「プログラム」の活動に参加するには、営利目的ではないことなど15の審査項目があるとされるが、〝特に問題はなかった〟という。当該の団体は安倍元首相の事件を受けて活動の自粛を申し出、大阪府も8月に「市民が不安に思う恐れがある」としてボードを覆う対応をしている。

同様のボードは、大阪府富田林市でも16年に設置されたが、活動実態がないとして今年8月に撤去されている。

堺市の「純潔ラリー&マーチ」や「ピースロード」にしても、松原市の歩道清掃ボンティア活動にしても、名称変更された「世界平和統一家庭連合」を堂々と名乗ってボランティア活動をしている。統一協会の名称変更を最大限生かして統一協会が市民権を得るために行政に食い込んでいる実態が浮かび上がる。

守口市でも「ピースロード北大阪2020実行委員会」の関係者が市長を訪問し、市長との集合写真を撮影している。また、18年3月には「世界平和統一家庭連合京阪家庭協会」を市内の清掃ボランティアとして登録している（「毎日新聞」22年9月23日）。

統一協会は日本で活動を始めて以来学生の信者獲得に力を注いできた。大阪大学の「CARP」と見られる団体が17年前から箕面市の小学校で科学実験の講座を開いていたことがわかっている（カンテレ「報道ランナー」8月22日）。

「CARP」とは文鮮明が提唱する〝統一原理〟を研究する原理研究会のことで、〈Collegiate Association for the Research of Principles〉の頭文字をとった略称が使われることが多い。

大阪大学では「CARP」が個人名で申請されていた。ボランティア活動などを行う学生主体の団体を装い、旧統一協会との関係をうかがわせる情報はなかったとされる。「本日は1学期　第5回目のおもしろ科学実験を行ってきました!!」――阪大CARPのホームページには今回の講座のものとみられる投稿があった。

大阪大学の「CARP」に詳しい太刀掛俊之同大教授は、「多くは親が旧統一協会に信仰をもっている2世3世の学生」「実態を隠して活動することの問題点については、今回の報道で取り上げられている団体のメンバーの一部には伝えたことがあります。その際には『小学校側にはきちんと伝えます』と返事をもらったと記憶しております」とコメント。

箕面市は今後、統一協会関連の団体について講座への参加を認めないよう校長会やPTAに通達する方針と述べている。近畿大学でも「CARP」の存在が確認されている。大阪大学では「オンラインを含む不審な勧誘に注意！　反社会的カルト集団が、スポーツやボランティア活動等と称してこの場所で勧誘を行い、阪大生が被害に遭っています」と立て看板を立てて注意喚起している（前出「報道ランナー」）。

というように統一協会は正体を隠し、あの手この手で市民の中に浸透し、市民権を得ようと躍起になっていることがうかがえる。

戦略的に「議員教育の推進」をはかり組織的に浸透・癒着

ではなぜここまで統一協会汚染が広がったのか。第6章で霊感商法に捜査のメスが入った「新生」事件のことに触れた。統一協会はこの「新生」事件を「反面教師」として受け止め、〝対策〟を取り始めたからだ。全国弁連の渡辺博弁護士は次のように指摘している。

――後に統一協会の機関紙で、統一協会の責任者が登場して、「政治家との絆が弱かったから、警察の摘発を受けた。今後は政治家と一生懸命つながって行かないといけない」と語った。それが彼らの反省点でした。我々が国会議員に「統一協会の応援をするのはやめてください」と呼びかけている理由もそこにあります（7月12日全国弁連記者会見）。

統一協会は警察の摘発を受けないよう、政治家、とりわけ自民党議員と「絆」を強め、「議員教育の推進」＝統一協会の「原理講論」の教義を注入する戦略で食い込んできた。「しんぶん赤旗」（17年8月4日）は、その戦略について次のように紹介している。

――統一協会の機関紙「世界家庭」（17年３月号）では、関連団体の全国祝福家庭総連合会の宋龍天（ソン・ヨンチョン）総会長が約１７０人の幹部を前に語ったメッセージを掲載。活動方針で「七つの主要テーマ」を掲げ、その一つに「議員教育の推進」を位置付けています。

宋氏は、協会系の天宙平和連合（ＵＰＦ）のプロジェクトの一つである「世界平和国会議員連合」（ＩＡＰＰ）の活動を通して、「国会議員たちに真の父母様（旧統一協会創設者の文鮮明、妻の韓鶴子）のみ言と理念、〝原理〟を教育し、彼らが天の願われる方向で政策を推進し、救国救世基盤を造るにおいて先頭に立つようにします」と述べています。国会議員を通して、自らの掲げる政策を実現する意向をあからさまに示すものです。

その上で、日本での活動について「各地での地域集会、家庭集会などに地方議員や国会議員を連結させ（る）」と述べ、政治家とのパイプ作りの重要性を強調しました。

ＵＰＦ（天宙平和連合）の存在は安倍元首相がそのイベントにビデオメッセージを送ったことで知られるようになった。その付設機関の平和大使協議会が作成したとされる「平和大使運動ビジョン」には、20年までに〈各地域に地方議員30名〉を平和大使に任命し、〈国家の政策形成に関与〉していくと記されている。その一例として、〈家庭強化のための条例・基本法〉制定運動が提唱され、「実際、一七年以降、全国市区町村の三十四議会から、『家庭教育支援法』の制定を求める意見書が提出（全国紙の社会部記者）」とされる（「週刊文春」９月15日号）。

「家庭教育支援条例」や「法」制定の動きは、第１次安倍政権時代の06年、教育基本法が改定され、「家庭教育における父母又は保護者の第一義的責任」「生活のために必要な生活習慣を身に付けさせる」「国及び地方公共団体の家庭教育支援施策を講じる努力義務」が盛り込まれたことと軌を一にしている。

「家庭教育」を掲げ、地方に浸透をはかる

文鮮明や韓鶴子の「み言」(=教え)に基づく政策提言や「原理講論」を教育するために、統一協会側は戦略的に国会議員とのパイプ作りをはかろうとしてきたのだ。ではここでいう「議員教育の推進」は、実際どのように取り組まれていたのか。

一例として旭川市における「家庭教育」による浸透・癒着の実態ぶりをみておきたい。

――統一協会(世界平和統一家庭連合)と日本会議上川協議会が家庭教育支援として条例の制定を狙って、20年8月に「旭川家庭教育を支援する会」を立ち上げた。自民党の東国幹衆議院議員が会長、今津寛介市長が顧問、自民党道義2人が副会長、事務局長をはじめ10人が幹事に就任している。

この年、「支援する会」設立準備会の代表が旭川市議会の各会派を回り、日本共産党市議団にも訪れ、「設立準備委員　万代英樹」の名刺を差し出した。登能谷市議団長が「何の仕事をしているのですか」と問うと、もう一枚、統一協会の「旭川家庭協会総務部長」の肩書

が入った名刺を差し出した。

「支援する会」は2年前から、旭川で「草の根反動」の運動を展開し、教育関係者の講演会や意見交換会を度々開催し、今年5月には、統一協会員で自民党の藤曲敬宏静岡県義を招いた講演会を開催。当時の事務局長は統一協会の万代氏になっている。統一協会の講演会を案内するビラには、市と市教育委員会が後援となっていた（「しんぶん赤旗」22年9月4日「『家庭教育』掲げ地方に浸透」）。

このように統一協会が「支援する会」の事務局を担い、下支えしながら地方議員や行政に食い込もうとしている実態がリアルにわかる。むろん共産党市議団長の登能谷氏は市議会で市教委が後援したことをただした。これに対し市教委は「重く受け止めており、今後はより慎重に対応する」と反省を口にした。

今津寛介市長は昨年の市長選で、「家庭教育推進条例」の制定を公約に掲げて当選し、いじめ対策などに関する条例制定を目的とした「旭川家庭教育を支援する会」の顧問に名を連ねていた。登能谷氏などの指摘を受けて今津寛介市長は9月14日、会の解散決定について文書でコメントを発表。今回の解散決定の理由について、同市長は「設立時に家庭連合（旧統一協会）の関係者が個人的に関わっていたことは事実であり、会の存在や活動が多くの方々に誤解や不信を招いているため」と説明した（「HBC 北海道放送」9月14日）。

実態が明らかにされ、追及されれば「議員教育の推進」の方針が順調には進んでいるわけではない。しかし「朝日新聞」(22年10月10日)によると、国が家庭教育の基本方針を定めるという「家庭教育支援法」の制定を求める意見書は、全国34の地方議会で可決され、衆議院に提出されている。法案の趣旨を先取りした条例は、10県6市で作られている(地方自治研究機構の調べ)。

家庭教育支援条例――聞こえはいいが〝家庭介入〟

その「家庭教育支援条例」案が、全国に先駆けて持ち出されたのが、大阪市議会である。12年5月、大阪維新の会大阪市会議員団が市議会に条例案の提出をはかろうとしたが、市民の批判を受けて撤回している。

大阪維新の会が持ち出そうとした条例案はどんなものだったか。その前文に古い家族観が垣間見える。

――かつて子育ての文化は、自然に受け継がれ、父母のみならず、祖父母、兄弟、地域社会などの温かく、時には厳しい眼差しによって支えられてきた。

しかし、戦後の高度成長に伴う核家族化の進展や地域社会の弱体化などによって、子育ての環境は大きく変化し、これまで保持してきた子育ての知恵や知識が伝承されず、親になる心の準備のないまま、いざ子供に接して途方に暮れる父母が増えている。

近年急増している児童虐待の背景にはさまざまな要因があるが、テレビや携帯電話を見ながら授乳している「ながら授乳」が８割を占めるなど、親心の喪失と親の保護能力の衰退という根本的問題があると思われる。

さらに、近年、軽度発達障害と似た症状の「気になる子」が増加し、「新型学級崩壊」が全国に広がっている。ひきこもりは70万人、その予備軍は１５５万人に及び、ひきこもりや不登校、虐待、非行等と発達障害との関係も指摘されている。

このような中で、平成18年に教育基本法が改正され、家庭教育の独立規定（第10条）が盛り込まれ、「父母その他の保護者は、子の教育について第一義的責任を有する」と親の自覚を促すとともに、「国及び地方公共団体は、家庭教育の自主性を尊重しつつ、保護者に対する学習の機会及び情報の提供その他の家庭教育を支援するために必要な施策を講ずるよう努めなければならない」と明記した。

これまでの保護者支援策は、ともすれば親の利便性に偏るきらいがあったが、子供の「育ち」が著しく損なわれている今日、子供の健全な成長と発達を保障するという観点に立脚した、親の学び・親育ちを支援する施策が必要とされている。それは、経済の物差しから幸福の物差しへの転換でもある。

このような時代背景にあって、本県の未来を託す子供たちの健やかな成長のために、私たち親自身の成長を期して、本条例を定めるものである。

条例案の特徴は「愛情による絆で結ばれた家族」といった個人の内面に触れた文言が多い。親が子とともに生活習慣や自立心などを教えれば虐待やいじめなどの問題は解決するという立場だ。大阪維新の会大阪市会議員団が「家庭教育支援条例」案を全国に先駆けて持ち出したのには背景がある。安倍官邸と維新の会は蜜月関係にあった。それは次章で触れたい。

「家庭教育支援条例」案に反対する市民運動に関わった大前治弁護士は、次のように条例案を批判する。

――家庭教育支援とは聞こえはいいですが、実際は家庭への介入です。一旦制定されれば、予算がつき、研修会やメール、文書頒布などで国や自治体の方針に沿った指導が行われ、考え方や個人の自由が縛られる危険があります。

その狙いは両性の平等をうたう憲法24条を否定し、男尊女卑や「産めよ増やせよ」など、戦前回帰のような価値観の押しつけです。公教育の責任を放棄して家庭に責任を負わせ、忍耐と感謝を美徳として、社会や政治への不満を抑える面もあります。

大阪では「発達障害は親の愛情不足」とする条例案の非科学的な文面に批判が集まりました。最近は、条例制定の理由として、「虐待防止」といっていますが、根は同じです。くたくたになるまで働かされる労働環境や、女性に育児や家事が押し付けられている現状に目を向けず、親の心構えで解決するとしています。

保護者が早く帰宅するには、長時間労働の抑制や所得向上などの運動と要求実現が大切です。統一協会と自民党らがつくった条例を撤回させ、教育や保育の充実など家庭・子育て支援を行わせていきましょう（「しんぶん赤旗」22年9月21日）。

ジェンダーフリー・バックラッシュ〝共闘〟

統一協会が「家庭教育支援条例」や法の成立に力を入れているのは、「議員教育の推進」という議員や自民党に食い込むための戦略というだけではない。「血分け」という統一協会の教義そのものから出てくる、家父長的家族観、男尊女卑、性的純潔思想がある。それは「ジェンダー平等」に反対し、「同性婚」を否定することにつながる。性差でなく社会的な男女平等概念であるジェンダー平等は世界の趨勢である。ジェンダー平等ギャップ指数最後進国である日本はその克服が急務であり、統一協会の教義にもとづく家族観は逆行する。これまでのジャーナリスト柿田睦夫氏の統一協会の教義解説と重なる部分があるが、統一協会の教義とそれに基づく家族観がよりわかりやすい、同氏の「ジェンダー平等反対〝連携〟」（「しんぶん赤旗」22年8月17日）を引いておきたい。

――統一協会が同性婚を否定する背景に、「神の祝福を受けた男女の結婚でなければ行く先は地獄である」とする彼らの教義があります。教義解説書である「原理講論」では、「人間の祖先が天使と淫行を犯すことによって、すべての人間がサタンの血統より生まれるようになった」とされています。簡単に説明すると、アダムとエバ（イブ）の時代、エバが天使と不倫関係を結んだ後にアダムと関係を持ったことで、全ての人類は生まれながらにサタン（罪を犯した天使）の血統という原罪を背負った。これを清めるため、選ばれた女性が第3のアダムとして降臨した文鮮明に「祝福」される必要がある。その女性と結婚することで相手の男性も清められ、原罪のない子孫がつながって行くことで世界が救われるというものです。

問題は「祝福」の対象が女性に限定されていることです。この「祝福」とは実際には「血分け」と呼ばれる儀礼的性交を指し、文鮮明と女性信者との肉体関係こそが教義の核心にあります。この「祝福」を象徴的に行なっているのが「合同結婚式」です。正式名を「国際合同祝福結婚式」といい、本人の意思に関係なく、信者同士が組織によって決められた相手と集団で結婚式を行います。

という風に統一協会は教義上からも同性婚を認めないし、多様な結婚のあり方を認めるジェンダー平等には反対である。繰り返すがわが国はジェンダーギャップ指数が最後進国である。ジェンダー平等の取り組みがようやく踏み出されようとしていた矢先、安倍派と統一協会がジェンダーフリー・バッグラッシュ（揺り戻し）の共闘を始めた。鈴木エイト「統一教会〝安倍派工作〟内部文書」（「文藝春秋」22年10月号）によりながらその逆流の動きを見ておきたい。

――「男女が均等に政治的、経済的、社会的及び文化的利益を享受することができ、かつ、共に責任を担うべき社会」を目指して男女共同参画社会基本法が、99年６月公布・施行された。これを受けて00年３月以降、全国の自治体で男女共同参画推進条例の制定が進み、同年12月には男女共同参画基本計画が策定される。ジェンダーフリーの言葉が広がった。

05年10月に発足した第３次小泉改造内閣で、８月の総選挙で初当選したばかりの猪口邦子衆議院議員が内閣府特命担当大臣（少子化・男女共同参画担当）に就任。大学教授だった猪口邦子氏は男女共同参画会議の議員や専門調査会の委員を歴任しており、実績を買われた。猪口邦子特命担当大臣は「佐藤ゆかり、片山さつきとともに開いた外国特派員協会での会見で、「私たちがジェンダー・バッシングを許さない」と発言、安倍派や山谷議員に対抗する意欲を見せていた。

猪口邦子特命担当大臣の「私たちがジェンダー・バッシングを許さない」とはどういうことなのか。

猪口邦子議員が特命担当大臣に就任する３年前の02年４月11日、山谷えり子衆議院議員が衆議院青少年問題に関する特別委員会で、文部科学省の委託事業として性差による押しつけを考え直す目的で作成された小冊子「新子育て支援　未来を育てる基本のき」を示しながら、ジェンダーフリー教育・夫婦別姓・多様性について批判を展開したことへの「対抗」を指す。

山谷えり子議員は、青少年健全育成について質問し、男女共同参画社会基本法やジェンダー教育への違和感を表明した。「ジェンダーフリーというどこの言葉でもない、（中略）勝手につくった、勝手な、定義も分からない言葉を使って独り歩きさせたり、混乱が起きている」「（男女共同参画基本計画の）次の5カ年計画にジェンダーという定義を入れるべきでない」とまで言い放っていた。

山谷えり子議員のこの発言に呼応したのが、当時自民党幹事長代理だった安倍晋三氏である。05年4月、安倍氏は「自民党　過激な性教育・ジェンダーフリー教育実態調査プロジェクトチーム」を結成し、安倍氏自身は座長に、山谷氏は事務局長に収まった。チーム結成の翌5月には、党本部8階ホールにおいて、「過激な性教育・ジェンダーフリー教育を考えるシンポジウム」を開催。安倍氏と山谷氏は共にパネリストとして男女共同参画基本法やジェンダーを批判した。このシンポジウムの責任者として司会を務めていたのが、第1次岸田内閣の文部科学大臣であり、現在の自民党政調会長の萩生田光一氏である。

安倍氏、山谷氏、萩生田氏ら3人が主張していたのは、「家庭にあっては家長の男に妻の女性は従う」という家父長主義的「伝統的家族観」。前出のプロジェクトチームは全国調査を実行し、調査結果を発表。男女共同参画基本計画改定作業中の政府に対し、「『ジェンダー』との文言を削除すべき」とし「ジェンダーフリー」との言葉そのものの使用をやめるだけではなく、「ジェンダー」という言葉に関しても「語の定義が曖昧である」として正式な文書において使用しないよう求めた。ようやく動き出した男女共同参画へのバッグラッシュ（揺り戻し）だった。

——この動きと連動する連動するようにジェンダー・バッグラッシュを始めたのが統一協会であり、その活動の一端を示したものが（中略）ＵＰＦの「21世紀 世界平和の為の日本女性指導セミナー」ということになる。（前出「文芸春秋」鈴木エイト記事」）。

そのセミナーで使われたパワーポイント資料をプリントした冊子の〈現在の課題となすべきこと〉の項にはこう書かれている。

——①第二次５ヵ年計画（基本計画）においてジェンダーという文言を使用させない。（略）安倍晋三官房長官と山谷えり子内閣府政務官でチェックできるように関係省庁、議員に積極的に働きかける（38頁）。

——③青少年健全育成基本法の制定・子どもの権利・青少年を健全に育成する為の国、保護者、地方公共団体、事業者などの責務明示・内閣府に青少年健全育成推進本部を設置（40頁）。

山谷えり子議員はこの頃、青少年育成担当の内閣府大臣政務官として活動していた。質問内容からいって統一協会の思想に共鳴していたことは間違いない。問題にすべきは、実際の政策決定に対して統一協会の影響があったかどうかだ。統一協会およびフロント組織の関与がなかったと言えるのか。今後の検証が必要だ。

自民党の政策に統一協会が影響

自民党の野田聖子・前男女共同参画担当相は22年10月4日、超党派の女性議員らでつくる勉強会で、「世界平和統一家庭連合（旧統一協会）」などの、伝統的な価値観を重視する宗教団体が自民のジェンダー政策に一定の影響を与えた可能性があるという認識を示した。

野田氏は、国会内で開かれた「クオータ制実現に向けての勉強会」に出席。ジェンダー政策について、教団と自民の関係に話が及んだ。

ともに出席していた立憲民主党の辻元清美参議院議員が「宗教右派が自民に相当影響を与えてきた」と発言すると、野田氏が「私自身は政策が違うのでわからなかった。こういう団体がいたから、こういう流れが自民の中に一部の人だけどあったんだな」と応じ、自民の政策に一定の影響を与えた可能性があるとの認識を示した（22年10月5日Ｙａｈｏｏ！ニュース）。

それればかりでない。国際勝共連合の幹部が21年10月9日の講演の中で、下村博文元自民党政調会長に家庭教育支援法と青少年健全育成法を「党公約に盛り込むよう、選挙のたびに下村氏に陳情していた」ことを明かし、実際公約に取り入れられていた（「週刊文春」22年9月22日号「統一協会系陳情を『党公約に入れる』」）。事は政権与党の公約にかかわることである。このことも検証されるべきである。

驚くべきは自民党の改憲案と統一協会の改憲案が、〝うり二つ〟といってもいいほど似通っていることだ。

――旧統一協会と一体の反共、暴力団体「国際勝共連合」の幹部が、独自の憲法改正案をユーチューブ上で解説しています。動画が公表されたのは17年４月ですが、改めて注目を集めています。

動画には、勝共連合の渡辺芳雄副会長が出演。中国の覇権主義的行動や北朝鮮の核開発や威嚇的行動、大規模な地震や原発事故、同性婚合法化の流れなど、国内外の変化をあげ、憲法の改正がどうしても必要だと主張しました。

渡辺氏は「優先順位」として、最初に「緊急事態条項」に触れました。大規模な災害などを想定し、「政府の権限を強化して、所有権等を一時的に制限したり、食料や燃料の価格をしっかり規制して、守れる命を守る」と主張しています。

また、「家族は社会の自然かつ基礎単位」とし、「家族保護の文言」の必要性を指摘。「家族という基本的な単位が最も社会国家に必要だ」として、これがなければ自然かつ基礎単位になり得ない同性婚が広がっていくと、海外で広がる同性婚合法化の流れに危機感を示しています。

憲法９条についても、なぜ「自衛隊が存在しているのか、根拠となる言葉が一つもない。これは現実の憲法の文言との完璧な乖離だ」とし、「自衛軍」「国防軍」などの明記を主張しました。
勝共連合が改憲の優先課題として考える①緊急事態条項の創設②家族条項の創設③9条への自衛隊明記――はいずれも自民党の改憲案と全く同じです。勝共連合が日本会議勢力と並んで、自民党の改憲改憲路線を強く後押ししている実態が浮かび上がります（「しんぶん赤旗」22年7月24日）。

統一協会と自民党の改憲案が似通っていることはどういうことを意味するか。「毎日新聞」（22年9月12日）は、「旧統一協会」改憲足かせに」という特集記事を載せた。〝うり二つ〟ほどに似通っていることがかえって自民党の改憲に「足かせ」になるという――どういうことなのか。

――旧統一協会系の政治団体「国際勝共連合」の改憲案を見てみると、確かに自民党が12年4月にまとめた改憲草案や、同じく18年3月に決定した「改憲条文イメージ」4項目と似ている点が多いのだ。勝共連合は17年4月に「憲法改正について」と題した動画を公開。優先順位の高いものから、「緊急事態条項」の新設▽家族保護の文言追加▽「自衛隊」の明記――の三つを改憲項目として挙げている。
一方、自民党の「改憲条文イメージ」4項目では、緊急事態条項と、9条への自衛隊明記を掲げている。また「家族は社会の自然かつ基礎的単位」とする家族条項があることから勝共連合の三つと重なるのである。水島（朝穂）さん（早稲田大学教授・憲法専攻）は疑問を呈する。「特に問題だと思うのは、国家権力を縛るはずの憲法に、家族は互いに助け合わなければならないと個人の道徳規範のようなものが入っていることです。この意味で、自民党と勝共連合の改憲案はよく似ています」。

統一協会と自民党の「改憲条文イメージ」があまりにも似通っているので、自民党案が統一協会の影響を受けたと思われ、改憲にはかえって足かせになるというのだ。識者からも心配されるほどに似通っている改憲案。偶然なのか、どちらかが真似たのか。影響されたのか。統一協会の改憲案が先に公表されている事実に注目したい。

組織的に自民党・安倍派に接近

鈴木エイト氏は日本共産党国会議員団第３回「旧統一協会問題追及チーム会議」のヒアリングにおいて、「個々の政治家の（旧統一協会との）関係性の追及も大事だが、それを一つのパズルのピースとして置いたときに、最終的にそこにどんな絵が見えるのかというところまで追及してほしい。個々の議員だけの問題ではなく、明らかな組織性がみえる」と触れた。その組織性とは何か。

そのパズルを埋めるピースが「毎日新聞」によってスクープされた。

約53年分にわたり韓国語で記された文氏の発言録615巻、各巻300～400ページという膨大な記録の中から当該部分の記述を翻訳・確認した結果、世界平和統一家庭連合（旧統一協会）創始者の文鮮明氏が89年に韓国で行った説教で、自民党の安倍晋太郎元外相が当時会長を務めていた「安倍派」（清和会）を中心に国会議員との関係強化を図るよう信者に語っていた。凶弾に倒れた安倍晋三元首相がいつ、どのように教団と深い関りを持ったかについてはなお謎が多く、晋太郎の義父・岸信介元首相と文氏のとの間で築かれた関係が源流にあるとされるが、後を継いだ晋太郎氏を足掛かりにした教団の政界工作が教祖の肝いりで模索されていた可能性があると指摘している。

日本共産党の小池晃書記局長は記者会見し、「極めて重大だ」と述べた上で「この発言録は615巻もあると報道されている。この文書を含めて、調査すべき材料はいくらでもあるではないか」と指摘し、「個々の政治家任せの調査ではなく、自民党と政府の責任で、統一協会と政治家、政権との深刻な癒着について徹底的に解明する必要がある」と強調した（「しんぶん赤旗」22年11月8日）。事は主権にかかわる問題である。しかし自民党、政府は無視した。ここにも反省がない。

——文氏は89年7月4日、日本の政治をテーマに韓国で行った説教の中で「国会議員との関係強化」に言及し「そのようにして、国会内で協会をつくる」「そこで原理を教育することなどで、全てのことが可能になる」と語った。

加えて「国会議員の秘書を輩出する」「体制の形成を国会内を中心としてやる。そのような組織体制を整えなければならないだろう」「そして、自民党の安倍派などを中心にして、クボキを中心に超党派的にそうした議員を結成し、その数を徐々に増やしていかないといけない。分かるよな？」と語った。

クボキは、日本の教団本体と勝共連合で初代会長を務めた久保木修己氏を指すとみられる。

さらに「行動結果と挙国だ。挙国とは国を挙げて一致団結することだ」「日本の中央の国会議員たちだけでなく、地方もそうだ。地方には皆さんがいるよね？　わかるだろ？」と地方政界にも言及した（「毎日新聞」11月7日）。

――岸信介氏、晋太郎と「親子2代」の関係を築いた文氏は、岸派を源流とする安倍派との関係を強化することで、日本の政界への影響力を高めようとしたとみられる。

実際、晋三氏が率いていた現在の安倍派を中心とした議員との接点が次々と明らかになっており、清和会との関係強化を訴えた文氏の発言が今につながっているとみることができる（同前）。

文鮮明が信者に語っていた通り、統一協会は国会議員だけでなく、地方議員や地方自治体に食い込みをはかっていた。

「毎日新聞」はさらに8日付でもスクープを続報。安倍晋三元首相が06年に第1次政権の首相に就任した1週間後、世界平和統一家庭連合（旧統一協会）創始者の文鮮明氏（12年に死去）が安倍氏の「秘書室長」と面会するよう信者に指示していた首相の座に就いた安倍氏に教祖主導で接近を試みようとしていた。

――安倍氏が首相に就任した1週間後の06年10月3日、文氏は「安倍が首相になったと聞いている」と語った。

文氏はこの発言に続き、有力信者を名指しして「その（安倍氏）の秘書長は何だ」と尋ねた。信者が「ナカガワです」と答えると、「お前が2度会ったのか」と質問。信者は「2回です」と答え、「3回、もう1度会わなければいけない」と接触を重ねるよう求めた。

このナカガワという人物は一体誰なのか。……（略）……自民党幹事長（Secretary-Generaral）を秘書（Secretary）の「トップ（General）と解して「秘書室長」と呼んでいるとすれば、該当者がいる。

当時、自民党幹事長を務めていた中川秀直氏（清和会出身）だ。

――安倍氏が07年9月に体調不良で第1次政権の首相を辞任し、09年9月に当時の民主党が政権を奪還すると、教団との距離に変化が起こる。ジャーナリストの鈴木エイト氏が入手した1枚の写真が、それを物語る。

10年8月3日に安倍氏の国会内での事務所とみられる場所で撮影された教団幹部との記念写真。安倍氏の隣に並ぶのは、この時既に教団の会長を退いていた小山田秀生氏だ。その隣には、後に教団系政治団体「国際勝共連合」の会長となり、今もその座を務める梶栗正義氏の姿があった。

これまで見てきたように、文鮮明はどんな政権であろうが取り入ってきた。霊感商法や集団結婚式などで社会的批判が高まり、安倍元首相は父晋太郎が築いていた統一協会との関係を、一端距離を置くようになることは次章で述べることになるが、安倍氏が結びつきを強めていった組織的経過が統一協会側の発言によって裏付けられたことになる。

「毎日新聞」は次いで11月24日付で、98年3月29日韓国内で行った説教で日本の金融資産に触れた発言をスクープした。文氏は日本の信者に貯金通帳を提供するよう示唆する発言もしており、少なくとも教祖が当時の日本を「資金源」とみなしていた姿が浮かび上がった。

――「日本に1200兆が貯金されているそうだ。いくら使いたいか」と信者に問いかけている。「1200兆」の単位は発言録には書かれていないが、日本の個人金融資産額を指していると見られる。

――この発言の直後、話題は北朝鮮の景勝地・金剛山開発に移った。「……日本と米国だけでなく、ヨーロッパの12カ国も互いに競い合うように投資しようとしている。いよいよ先生（私）がそのカーテンを明けようとするのだ」

続いて「日本人が投資することにして、金剛山も開発しようと待っている」「すべてのことが日本のためなのだ」と語った。

文氏は90年代に北朝鮮と関係を築き、経済開発に意欲を示していた。91年12月に北朝鮮を訪問し、金日成主席（当時）と会談。その際、「北朝鮮との経済協力及び交流を広げ、経済開発事業に積極的に参与する意思があるということを表明した」との声明を発表した。金主席が94年7月に死去した際には、弔問団を平城に送っている。

文氏の発言の真意は不明だが、こうした過去の背景も踏まえると、日本で集めた資金を北朝鮮の金剛山開発に回そうとしたようにも読み取れる。

第6章で、ニューヨークタイムズの「知られざるアメリカの寿司の物語」を紹介したが、そういう〝成功〟があるだけに北朝鮮の金剛山開発に日本の信者から〝搾取〟した資金を回そうとしたというのは、まんざら荒唐無稽な話ではない。

同性婚反対、憲法改定——自民党候補に推薦証を交わし〝政策協定〟

統一協会の勅使河原秀行・改革本部長は、22年10月20日記者会見し、統一協会のダミー団体

「世界平和連合」が、21年10月の衆議院選挙で自民党候補者らに推薦確認書へ署名を求めていたことを明らかにした。鈴木エイト氏がいう「組織性」の一端がさらに表沙汰になった。統一協会側から確認書の存在を明らかにしたのは、統一協会への規制の動きをくい止めようとする政権与党への揺さぶりでもある。

推薦確認書には次のような項目が掲げられている。

一、憲法を改正し、安全保障体制を強化する
一、家庭教育支援法及び青少年健全育成基本法の国会での制定に取り組む
一、「ＬＧＢＴ」問題、同性婚法化に関しては慎重に扱う
一、アジアと日本の平和と繁栄を目指す「日韓トンネル」の実現を推進する
一、国内外の共産主義勢力、文化共産主義勢力の攻勢を阻止する

その上で「以上の趣旨に賛同し、平和大使協議会及び世界平和議員連合に入会すると共に基本理念セミナーに参加する」ことを義務付けている。事実上の〝政策協定〟である。むろん自民党が自主点検した調査項目にはこの推薦確認書は含まれていない。「朝日新聞」(11月15日)が与野党を問わず全国会議員を対象に行った調査によると、92％にあたる656人が回答を寄せ、教団側が掲げる政策への賛同を求める推薦確認書などを示されたのは、いずれも自民党の８人で、うち４人は署名に応じていた。政治活動への影響は４人とも否定したが、選挙時に交わした約束が無視できるのか、額面通りには受け取れない。これだけであれば、教団側の働きかけは極めて限定的だったことになるが、全容がわかったと言い難いのは、未回答が54人も

いることだ。

そのうち50人を占める自民党には、教団の関連会合で「安倍総理に早速報告したい」と述べた細田博之衆院議長（会派離脱中）や教団の韓鶴子総裁を「マザームーン」と呼んだ山本朋広元防衛副大臣ら、深い関係を指摘される議員がいる。回答しないのは、明らかにしたくない接点があると見られても仕方があるまい。

岸田首相は「議員本人が説明すべきものと考える」として、再調査を否定した。ここにも反省がない。

第8章

〝反日〟の統一協会と〝愛国〟の安倍元首相の野合・癒着、そして維新の会

統一協会は、日本はサタン（悪魔）の国、韓国はイエスの国といい、霊感商法や信者から高額の献金でむしり集めたお金を、日本の習わしである〝結納〟に例えて韓国に送金することを合理化する〝反日〟であり、あらゆる民族は韓国語で統一するという、極端な韓国中心主義である。また民主（主義）が共産主義と対決するのが38度線であり、第3次大戦必至・待望という、極めて危ない教義の教団である。そういう〝反日〟の統一協会と、靖国派の〝愛国〟主義の安倍元首相とはまったく容れぬ関係なのに、反共の一点で野合・癒着していた。

侵略戦争美化、名打ての〝愛国〟安倍元首相

まず安倍元首相の歪んだ〝愛国〟ぶりをみておきたい。

第5章では、22年9月10日付「しんぶん赤旗」の「矛盾抱えながら『反共』で野合」（中祖寅一）の記事が、日本語版の「原理講論」が日本にとって都合の悪い箇所を改ざん・削除していたというスクープであったことを紹介した。

中祖記者はその記事の中で、スクープしたこと以外にも改ざん・削除されたくだりがあるとして、「日本軍は韓民族の部落を探索しては老人から幼児にいたるまで全住民を一つの建物のなかに監禁し、放火しみな殺しにした」部分に触れ、「こうした侵略と略奪・蛮行の記述は事実ですが、日本の侵略戦争・植民地支配を美化する日本会議勢力が絶対に認めようとしない内容」であると指摘している。

安倍元首相は「日本の侵略戦争・植民地支配を美化する」日本会議の枢要メンバーであり、名打ての靖国派である。

戦後制定された教育基本法は、戦前に行われた皇国史観に基づく教育が戦争動員に使われた反省から、教育の目的を「人格の形成」に置いた。しかし安倍元首相は「人格の形成」においた教育の目的を「まるで地球市民を作るようだ」と酷評し、「日本人というアイデンティティを備えた国民を作る」として、グローバル社会の競争を勝ち抜く人材養成をうたうとともに「愛国心」と「道徳心」を盛り込んだ改定を強行した（06年）。橋下徹知事時代の大阪府でも同様の教育基本条例の制定が強行された。しかし、安倍元首相は教育基本法の改定は実現したものの、「愛国心」と「道徳心」が学校現場の子どもたちに届いていないとして不満を募らせる。

当時学校法人森友学園（籠池泰典理事長）が運営する塚本幼稚園（大阪市淀川区）では、講堂の舞台に掲げられた日の丸に向かって園児らを直立不動で整列させ、戦争の思想動員に使われた「教育勅語」を毎朝暗誦させる異常な教育が行われていた。籠池理事長はせっかく〝愛国〟の芯を育てたのに園児が〝普通〟の公立小学校に上がってしまうと、忘れさられてしまうとして、塚本幼稚園と同様の皇国史観に基づく〝愛国〟教育を行う小学校設置を計画し大阪府私学審議会に申請した。

安倍昭恵夫人を通じてその小学校づくりを知った安倍元首相は強く共鳴する。豊中市にある９億６千万円もの国有地を森友学園の小学校用地のためにただ同然で払い下げ、籠池理事長を後押ししたのが森友事件である。皇国史観にもとづく歪んだ〝愛国〟の「瑞穂の國記念小學院」をパイロット（先導）校にして全国に広げようと目論んだのがこの事件の核心である（国有地のただ同然の払い下げについては、拙著『ドキュメント森友事件の真相』を参照）。

それほどまでに復古主義的〝愛国〟主義の安倍元首相が、事もあろうに〝反日〟の統一協会と〝反共〟で野合・癒着していた。それにしても〝愛国〟の安倍元首相と〝反日〟の統一協会という、まったく矛盾、相対立する両者がどういう事情と経過で野合したのか？　その背景に迫ってみたい。

選挙支援受け入れ、癒着・野合を強めた深層

祖父・岸信介、父・安倍晋太郎、安倍晋三の三代が統一協会とつながっていたことはよく知られている。

戦後、戦争責任を問われた岸信介は右翼政治家だった笹川良一、児玉誉士夫らとともに、A級戦犯容疑で東京・巣鴨拘置所に収監された。そこで岸信介は笹川良一と知り合い、出所後親密な関係を築く。68年文鮮明が韓国と日本で統一協会のフロント団体・反共産主義を掲げる「国際勝共連合」を結成すると、笹川良一は日本の名誉会長に就任する。米ソ冷戦対立が厳しかった時代、共産主義の浸透に強い危機感をもっていた岸信介は、笹川良一を通じて国際勝共連合と関わりを持つようになった。

父・安倍晋太郎も祖父の関係を踏襲した。その蜜月ぶりを「朝日新聞」は次のように報じて

いる。

——清和会に所属していた元衆議院議員によると、幹事長になった晋太郎氏は派閥の若手らに「選挙で使えば有利だ」「面倒を見てもらったらどうだ」などと、教団の支援を受けるよう熱心に勧めていた（「朝日新聞」22年8月7日「自民と旧統一協会共鳴の半世紀」）。

しかし、早くして亡くなった父・晋太郎の地盤を継ぎ93年衆議院選挙で国政に出た安倍元首相は、当初から父が取ったような統一協会との関係を踏襲したのではない。鈴木エイト氏によれば、すでに霊感商法の反社会的活動が知れ渡っており、統一協会とは距離をおいたとされる。安倍元首相が統一協会との結びつきを強め、野合、癒着を深めていったのは、第1次安倍政権を投げ出し、民主党政権下で野党暮らしをしていた頃からとみられる。

安倍元首相はどういう経過で統一協会とのつながりを強めていったか。

06年9月、安倍氏が首相の座についた翌年、参議院選挙（07年7月）で大敗し、持病の潰瘍性大腸炎が悪化したことも相まって政権を投げ出し、第1次安倍政権は1年の短命に終わる。この参院選の大敗が、距離を置いていた統一協会との結び付きを深める契機になった。代わって政権についた民主党政権は、公約を守らないどころか公約にない政策実行が相次ぎ、迷走した末に3年あまりで頓挫する。12年12月、自民党が政権に復帰し第2次安倍政権が誕生する。安倍元首相は第1次政権が短命に終わった教訓から、宿願の憲法改正実現に向け長期安定政権を目論む。何よりも選挙で負けないこと、勝つことこそが政権安定の最良の手段と位置付けた。しかし安定政権を目指すには不安材料が幾つかあった。その一つが、自民党の得票が退潮傾向を続けていたことである。

自民党が政権に復帰する12年12月の衆議院選挙の勝利以降、安倍元首相在任中6回の国政選挙は、3回の衆議院選挙、3回の参議院選挙ともすべて勝利し、大勝したこともある。安倍元首相は選挙に強いと言われ、野党に対しても自民党内でも「安倍一強」を形成したとされる。果たしてそうか。政党の基礎的力量を測る物差しである比例得票数の推移をみると、自民党は必ずしも強くない。12年が1700万票台、14年も同じく1700万票台、17年が1800万票台と、00年代に入ってから小泉首相が「自民党ぶっ壊す」と叫んだ「郵政選挙」(05年9月)――〝小泉劇場〟で、争点そらしで得たとはいえ2500万票台を得票して以来、2000万票台を超えることはない。選挙制度の変遷があるにしても、かつての自民党は3031万票を記録(90年2月衆議院選挙)したこともあるし、小選挙区比例代表制度が導入されて以降も90年代は安定的に2000万票台をキープしていた。1000万票を超える自民党票はどこへ消えたのか?

安倍元首相が統一協会の選挙支援を受け入れることにカジを切ったのは、得票数の顕著な退潮傾向を冷静に直視していたからだろう。80年代の中曽根政権の「臨調行革」路線以来、公的事業やサービスを市場に任せれば経済成長し好循環が生まれるとする新自由主義による規制緩和・民営化路線が進められた結果、自民党が伝統的保守基盤としてきた業界、農村がもろに打撃を受けて疲弊し、自民党の組織や支持基盤が弱体化したことによる。

加えてリクルート事件（88年）や佐川急便事件（92年）などが相次いで起こり、政治に金がかかりすぎるから金権腐敗事件が起こるとねじ曲げ支持しない政党にも配分される、税金が原資の政党助成金制度を導入し、政権交代があれば金権腐敗をなくせるとして小選挙区制を導入した。それは定数１の小選挙区制は１票でも多ければ当選することができ、得票力が落ちても勝てるようにしたものだ（94年）。ちなみに05年９月の「郵政選挙」で小泉首相が郵政民営化に反対する候補者の選挙区に「刺客」を送り込み、〝成果〟を挙げたことを学んだ安倍官邸が、小選挙区の候補者（支部長）決定の主導権を握り、党内に「安倍一強」が形成されたことも無視できない。それでも政権維持が危うくなり、自民党が公明党と連立政権を組むようになった（99年10月）。安倍元首相は自民党の得票力の退潮を誰より直視していたからこそ、第１次安倍政権から下野して以降、統一協会と結びつくことに手を染め始めたと言っていい。

統一協会の組織票は10万票前後と言われているのに対して、衰微の兆しが見えるとはいえ、創価学会を唯一最大の支持基盤とする公明党の得票が数百万規模であるのとは比較にならないほどに小さい。しかし、参議院比例区は同じ政党の中では個人票の順位で当選者が決まり、自民党の場合10万票前後で当選する。結果、統一協会の組織票の支援を受けて、13年は北村経夫、16年は宮島喜文、19年は北村経夫、22年は井上義行（いずれも安倍派）が議席を得た。その統一協会の組織票を差配したのが安倍元首相である。改選を迎えた宮島喜文が再立候補を断念せざるを得なかったのも安倍元首相が統一協会の組織票の差配先を、〝準統一協会員〟と自称する井上義行に変えたためである。
むろんそれだけでなく短期間に人手も資金も要する選挙に、信者を総動員して運動員やスタッフ派遣、後援会結成など多岐に渡りバックアップしてくれる統一協会の信者は、使い勝手のいい便利な存在である。

「市民と野党の共闘」に恐れをなす

自民党の支持基盤がかなり弱体化したもとでも安倍元首相が選挙に強かったもう一つの要因は、野党がバラバラ、〝一強多弱〟という〝敵失〟に助けられた側面がある。しかし安倍政権が安保法制＝戦争法を強行したことによって市民と野党の共闘が広がり、安倍元首相にとって〝敵失〟に助けられることが危うくなった。ここで安保法制の強行によって市民と野党の共闘が広がるという、政治対決の弁証法のプロセスについて今少し振り返っておきたい。

歴代の自民党政権が憲法第9条の下では「集団的自衛権行使」はできないと解釈してきたものを、安倍内閣は一夜にして180度解釈を変え、「行使容認」を閣議決定（14年7月1日）し、「戦争しない国」から「戦争する国」へ、一連の安保法制の成立を強行した。「国権の発動たる戦争と、武力による威嚇又は武力の行使は、国際紛争を解決する手段としては、永久にこれを放棄する」と定める憲法第9条第1項の事実上の骨抜きである。評論家の田原総一郎氏は、安倍元首相自身がその〝骨抜き〟を「『（明文の）憲法改正の必要はまったくなくなった』と発言した」（「世界」20年1月号）と証言しているほどだ。

これに対してＳＥＡＬＤｓ（シールズ）に代表される、安保法制に反対するデモ隊が、連日国会を取り巻いた。当時文科省事務方ナンバー・ツーの審議官だった前川喜平氏は、仕事を終えて雨降る中、傘を差し夜陰に紛れてそのデモ隊に参加していたと各地の講演の中で告白している。そういう動きが出るほどに安保法制に反対する声が広がった。その前川氏は翌年６月、文科省事務方トップの事務次官に昇進することになったが、「（昇進は）官邸のチェック漏れ」と後年自嘲している。

一連の「戦争法」が参議院本会議で強行された15年９月19日、日本共産党の志位和夫委員長は、「集団的自衛権行使容認」の閣議決定の撤回を求めるとともに、〝戦争法廃止、立憲主義を取り戻す〟――この一点で一致するすべての政党・団体・個人が共同して、「戦争法（安保法制）廃止の国民連合政府」の樹立を呼びかけた。その上で「戦争法廃止の国民連合政府」をつくる〝国民的な大義〟で一致するすべての野党が、来るべき国政選挙で選挙協力を行うことを呼びかけ、それまで全ての選挙区に候補者を擁立していた日本共産党が候補者の取り下げを含む野党共闘にカジを切った。

突然現れた「国際勝共連合大学生遊説隊ＵＮＩＴＥ（ユナイト）」

これを契機に「市民と野党の共闘」が一気に広がりを見せる。そうした折、16年１月18日、

SEALDsにライバルを露わにした保守派の大学生グループ「国際勝共連合大学生遊説隊UNITE（ユナイト）」が突然現れ、安倍政権を支持する街頭遊説活動を始めた。

――〝国を憂う大学生たちが結成した〟という触れ込みのユナイトは、同月末までに連日、東京～埼玉～宮城～千葉～愛知～神奈川を回り、「列島縦断演説」を行った。街宣車の上から声を張り上げていたのは、結成メンバーの東大生4人。安倍政権やその政策を支持する保守派の大学生グループは、SEALDsとは真逆の主張を展開。演説内容は「共産主義反対」「安倍政権支持」「安保法案賛成」「憲法改正支持」といったもので、共産党批判が際立っていた」「その後、3月末に福岡で『UNITE　FUKUOKA』が結成されたのを皮切りに（中略）全国30カ所に支部が結成された」「ユナイトはこの年の3月末に福岡で80人規模のデモ行進を実施、2か月後の5月末には東京・渋谷に首都圏の学生ら約230人を動員し大規模なデモ行進を行った（鈴木エイト『自民党の統一教会汚染』）。

ユナイトは「市民と野党の共闘」に敵意を燃やし、共闘の軸となっている共産党に的を当てて攻撃を始めた。それにしてもシールズに対抗してユナイトがタイミングよく立ち上がったというのは偶然なのか。

――自民党IT戦略特命委員長に就き、同党のネットメディア局長とネットサポータークラブ（Ｊ－ＮＳＣ）代表を歴任してきた平井卓也衆議院議員が自身のフェイスブックにテレビ東京の報道を引用し「このようなデモはあまり報道されませんが、学生はシールズというイメージは間違いです」と投稿したのだ……（鈴木エイト・前掲書）。

鈴木氏は、平井衆議院議員の記事を見て「翌月の参院選に向けて、ユナイトの結成とその活動には自民党安倍政権の意向が働いているのではないか。共産党が自民党にとって初めて脅威となっていたこの時期に、安倍政権を支持し共産党を糾弾する大学生グループが全国の街頭に現れデモや演説活動を始めるとは、あまりにもタイミングが良すぎる」と直感。遊説隊への直撃取材を繰り返し、ユナイトの実態をつかみ始める。

取材結果はどうだったか。ユナイトの実態は統一協会の2世信者が動員された組織だった。ユナイトのイベントに参加した学生が報酬として「アルバイト代」を得ていたという証言も得る。「国際勝共連合や統一協会が2世信者を自分たちのイベントに〝動員〟する際に、『アルバイト代』を支払うことは通常ありえない」「2世が参加することで報酬が発生するような事案には、やはり〝依頼主〟の存在が浮かび上がる」（鈴木エイト・前掲書）。

鈴木氏はさらに「ユナイトが渋谷で最初の大規模デモを行った直後の16年6月上旬、安倍首相が統一協会・家庭連合の徳野英治日本会長と李海玉総会長夫人を首相官邸に招いた」という新たな情報も得る。またその後、16年11月ユナイト福岡支部が開催した「学生フォーラム」で自民党代議士会副会長の原田義昭衆議院議員が基調講演を行なっている。17年４月８日、ユナイト関西支部が開催した学習会に自民党の衆議院議員・長尾敬と谷川とむ、柳本顕大阪市議が参加し、長尾氏らは「若者の政治離れが叫ばれる中、こんなにも純粋で、政治の勉強をしている若者が集まっていることに大変驚き、感動した。勝共UNITEの今後の活動を応援する」と挨拶している。

鈴木氏は「果たしてユナイトの結成とその後の一連の活動は、教団首脳との裏引きを経た官邸サイドの指示によるものだったのか」と問いながら次のように結論づけている。

——両者の密接な関係性を鑑みると、政権が直接関与した疑いは限りなく黒に近いグレーと言えるだろう。その後に露呈した政権と教団の関係性から、この確信はより一層裏付けられていくことになる（鈴木エイト・前掲書）。

安倍元首相は自民党の支持基盤が弱体化したが、野党の〝敵失〟によって勝ち続けることができた事実を直視していたが故に、「市民と野党の共闘」に誰よりも恐怖を持っていた。そこにユナイトが立ち上げられた——「限りなく黒に近いグレー」とは、ユナイトが安倍官邸と統一協会の阿吽の呼吸で立ち上げられたことを意味する。

16年7月の参議院選挙は、共産党が野党共闘推進の立場に立って候補者を取り下げなどにより、定数1の32全選挙区で自民と野党統一候補による事実上の一騎打ちとなった。自民党が21議席にとどまったのに対し、野党側は11選挙区で議席を確保。前回参院選では自民党が29

勝２敗と圧勝していたのだから、野党共闘が一定の成果を上げたと言っていい。それは安倍元首相にとっては、政権を揺るがしかねない恐怖に映ったに違いない。その３年後の19年の参議院選挙でも自民党は22議席にとどまった。

政権側の本格的な「市民と野党の共闘」への攻撃と分断が功を奏したのが、安倍元首相が退陣した直後に行われた21年10月の衆議院選挙である。

この総選挙は、「野党連合政権」への扉を開くため、①「市民連合」と立憲民主党、国民民主党、日本共産党、社民党、れいわ新撰組５党首による「共通政策」合意・調印、②日本共産党と立憲民主党との政権協力との「政権協力」合意、③全国２００の「選挙協力」が実現するという画期的な展開の中でたたかわれた。

しかし、「自公政権か野党連合政権か」――対決構図が浮き彫りになる中で、危機感にかられた自公政権と維新の会による「野党共闘は野合」「共産党は暴力革命」などの攻撃は激しさを増した。「市民と野党の共闘」への攻撃と分断はユナイトレベルにとどめず、自民、公明、維新の会が前面に出て行われた。総選挙の結果は「共闘勢力」で一本化した全国59選挙区で勝利し、自民党の重鎮や有力政治家を落選させ、33選挙区で自民党候補を僅差まで追い上げた。勝利した選挙区の９割は、各党の比例代表得票合計以上の得票が出ており、「共闘効果」は明瞭だったが、「政権交代」はなしえなかった。

野党共闘が支配勢力を攻め込み、追い詰める中で相手も必死の攻撃で応える――〝政治対決の弁証法〟が働いたのだ。維新の会が伸長したのは、自公政治に飽き足らないが、「野党共闘は野合」「共産党は暴力革命」の影響を受けた層が受け皿になった。

公然とやれなくなった霊感商法、政権の庇護のもとに勢力拡大

では、統一協会側にはどんな事情があったか。09年「新生」事件で警察の捜査が入り有罪判決を受け、公然と霊感商法をやれなくなった。92年には2万組が参加した集団結婚式も、22年韓国の会場に350名、インターネット参加で2千組に激減している（「議会と自治体」22年11月号・土井洋彦「統一協会とはなにか」）。日本の統一協会は発足以来の存亡の危機に立たされたと言っていい。それは毎年信者から搾取した300億円以上（鈴木エイト）のお金が韓国の教祖一族へ上納されることによって成り立つ、統一協会本部と統一協会が展開する韓国内とアメリカでの統一協会系企業グループの危機でもある。そこで政治家が最も欲しがる選挙の支援を買って出ながら自民党議員に食い込み、政権の庇護を得ながら教団の体制保護と勢力拡大を図ろうとした。

「政権の庇護を得ながら」とは、どういうことか。統一協会やそのフロント組織が反社会的、違法行為をやっても、「新生」事件のような警察沙汰にならないようにすることであり、そのもとで勢力拡大をはかることである。また自民党議員に食い込んで統一協会の政策実現をはかることである。政策実現の働きかけについては前章で触れた通りだ。

鈴木エイト氏は統一協会にかかわる警察行政について次のように述べている。

――「警察行政の政治的中立性の確保」と「警察運営への独善化の防止」の役割を担い、警察庁の民主的管理を行う国家公安委員会委員長には、安倍政権において山谷えり子、小此木八郎、武田良太といった統一協会と近しい政治家が任命されてきた。菅政権でも小此木が再登用された。そのような体制下では警察署が教団に対し強気の姿勢で臨むことが起こり得ない。事実、教団への警察の追及は10年以降、鳴りを潜めたままだ。当局からの摘発に怯えることなく時の政権から体制保護を保障された教団は近年、益々その権勢を強めている（鈴木エイト『自民党の統一教会汚染』）

前章で触れた、99年の男女共同参画社会基本法成立以後、男女共同参画推進条例やパートナーシップ条例づくり、選択的夫婦別姓導入に反対などジェンダー平等に対するバックラッシュの動きを強めていた山谷えり子議員は、国家公安委員会委員長でもあったのだ。

有田芳生氏もかつて次のように述べていた。

――（95年5月）地下鉄サリン事件でオウム真理教が強制捜査を受け、教祖の麻原彰晃（松本智津夫）が逮捕されてまもなくのことである。

私は警察庁最高幹部と警視庁幹部に統一協会についてレクチャーを求められた。了承すると条件があるという。「誰が集まっているか聞かないでほしい」。狭い部屋にぎっしりと目の鋭い男性たちがいた。一時間ほど教団の歴史や霊感商法、朝日新聞を衝撃襲撃した赤報隊事件に関する疑惑などについて説明した。その後幹部は私に言った。『オウムの次に統一協会を摘発の対象にしている』と。有力な情報源もできており、経済問題から捜査に入りたいと具体的だった。

それが実行されなかったのは「オウムのような〝事件〟がなかったから」（警視庁関係者）と言う。しかし、それから10年後、私は警視庁幹部と久しぶりに会った。「今だから言えること教えてください」。そう伝えるといくつもの驚く事実の中で、統一協会を摘発できなかった理由についてひとことだけ口にした。「政治の力だよ」（有田芳生・改訂新版『統一教会とは何か』）。

同様の指摘はジャーナリストの青木理氏も述べている（「毎日新聞」22年7月20日）。

〝統一協会問題〟は自民党政権にとって〝政治案件〟であり、すなわち「政治の力」によって警察行政が歪められた。公安調査庁は毎年1月、前年の公共の安全に関わる情勢をまとめる報告書「内外情勢の回顧と展望」を出している。その「回顧と展望」の統一協会にかかわる記述に「変化があった」と次のように報じられた。

——05年では、「国内情勢」の項目の中で「特異集団」との見出しを付け、具体的団体名を記さずに「在日韓国・朝鮮人の糾合を目的とする新組織を設立し、これらの在日関係者を取り込むことで勢力拡大を図る動きを見せた集団」があったと紹介……（中略）……こうした「特異集団」について「危機感や不安感をあおった上で、勢力拡大を図っており、その特異な言動には、引き続き注目を要する」としていた（「毎日新聞」22年8月17日）。

――06年版でも「特異集団」との見出しを付け、「朝鮮半島の統一を標榜して、在日関係者を韓国の大会に参加させるなどして、在日組織との間で軋れきを生じさせるといった動きを示す集団」と紹介し、こうした「特異集団」について「不法事案を引き起こすことも懸念される」としていた（同前）。

統一協会を「特異集団」としてマークしていたことがうかがえる。ところが第1次安倍内閣当時に発行された07年版では消えている。安倍元首相が政権についた時期と付合しているのは偶然ではない。第2章でも触れたことだが、奇しくも安倍元首相が統一協会のフロント組織「天宙平和連合（ＵＰＦ）祖国共同体還元日本大会」に官房長官として祝電を送ったのは、06年5月13日だった。

――その後は13年版では「特異集団」との見出しを付けず、「韓国発祥の新宗教系団体」などが東日本大震災に関連して、がれき撤去といったボランティア活動などを行ってインターネットで「組織宣伝に努めた」と記した（同前）。

有田芳生氏が警察庁や警視庁の幹部からレクチャーを求められたのは、95年5月16日麻原彰晃が逮捕され、オウム真理教事件が終息してから間もない頃と推察される。統一協会問題は「政治案件」とされ、「しんぶん赤旗」をのぞきメディアの統一協会報道に「空白の30年」が生まれた。09年の「新生」事件も、警察が統一協会渋谷協会などを強制捜査したが、教団本部の立ち入り調査には至らなかった。全国弁連の山口広弁護士も「自民党の元警察官僚の政治家が圧力を掛けて打ち止めになったと聞きました」と発言している（9月23日『国葬』報道はこれでよいのか、統一協会と自民党の癒着は……などを考えるシンポジウム」）。

選挙支援は〝お茶の子さいさい〟

自民党が統一協会と接点があった所属議員の「点検」の結果を公表した中でも、選挙の支援を挙げたのは19人にものぼる。金も人も集中的に必要な選挙に統一協会の支援は重宝がられた。統一協会の信者は実によく働いたという証言は枚挙にいとまがない。

統一協会の元信者で、統一協会系の「世界日報」の記者経験もある仲正昌樹金沢大学教授は統一協会信者の選挙支援について次のように証言している。

――政治家たちが最も期待しているのは、やはり選挙の際の支援だと思います。統一協会は創価学会などと比べると規模は小さいですが、信者たちはみな従順でよく働きます。派遣される信者たちは、選挙応援ぐらい軽くこなしますよ。普段から従事している布教活動や徹夜祈祷、「万物復帰」と呼ばれる物販販売の方が、よっぽどきつい（笑）。私も信者時代、万物復帰がうまくいかずに「売れるまで帰ってくるな！」とよく叱られていました。信者たちにとっては選挙応援なんて、むしろ休みをもらったぐらいの感覚なんです（「文藝春秋」22年10月号『統一協会と創価学会』）。

選挙支援は統一協会の信者にとって〝お茶の子さいさい〟だった。以下紹介するのは大阪３区から86年、90年、93年３回立候補し、90年の２度目は自民党公認候補だった阿部令子陣営へ動員された信者の〝働きぶり〟である。阿部令子は82年の集団結婚式に参加し、「霊能役」などの活動をやっていた、歴とした統一協会の活動家である。自民党副総裁を務めた渡辺美智雄の秘書を務めており、渡辺美智雄肝いりで地元自民党大阪府連の反対を押し切って自民党公認候補になったとされる。

——信者たちには、渉外、電話作戦、個別訪問、うぐいす、銀輪部隊などの仕事が割り当てられた。電話作戦では、電話帳に載っている番号を無差別に、朝の９時ぐらいから夜９時ぐらいまでかけまくることを求められた。戸別訪問は朝６時ぐらいに出発して、夜は可能な限り動き、11時、12時ぐらいになると駅頭で訴えた。２時間に１回は獲得した支持票の数を電話で報告することが義務付けられていた（有田芳生 改訂新版『統一教会とはなにか』)。

――結局、90年の総選挙では全国から600人の信者が動員されたという。全国からの信者動員も、さることながら選挙戦の「中枢部」である阿部令子事務所は、合同結婚式に参加した秘書たちで運営されてきた。筆頭秘書と所長(後援会機関紙「翔令」の発行責任者)は82年の合同結婚式参加者。秘書は、吹田市、豊中市、高槻市、茨木市、箕面市、池田市、摂津市、能勢町、島本町、企業担当と配置されるが、ほとんどが合同結婚式参加者だった。たとえば吹田市の秘書は82年合同結婚式参加者が1人、88年の合同結婚式参加者が2人といった具合なのだ。秘書以外にも、管理部、総務部、広報部などがあるが、このスタッフもおおむね合同結婚式参加者で占められていた。私たちが確認できただけでも23人だ(同前)。

それもそのはずである。統一協会は議員秘書を送り込み、選挙支援の活動家を養成するために京都市嵐山に研修所を持っていた。そこで鍛え上げられた、試され済みの信者たちが送り込まれていたのだ。

第2章で、21年10月17日に統一協会松濤本部・渋谷協会で行われた梶栗《かじくり》正義・UPF―Japan議長・国際勝共連合会長による日曜礼拝の説教を収めた「神のかたち」の中で、「この8年弱の政権下にあって6度の国政選挙において私たちが示した誠意というものも、ちゃんと本人(安倍氏)が記憶していた」ことを紹介した。〝誠意〟とは統一協会が選挙で支援したことに他ならない。〝誠意〟に対する返礼として安倍元首相は異例のビデオメッセージに応じたのだ。

安倍元首相と統一協会は家庭観や改憲では一致する部分は確かにあったが、しかし安倍元首相は名打ての愛国、他方統一協会は〝反日〟である。その対立し、矛盾する立場の統一協会から選挙支援を受けたのは、選挙に勝てばいいという究極の打算だった。

維新の会の統一協会汚染

統一協会との接点があった国会議員は圧倒的に自民党議員が多い。次に多いのが立憲民主党の16人、維新の会の15人と続く。維新の会の15人というのは所属国会議員56人の割合から言えば汚染度が高い。馬場伸幸代表、藤田文武幹事長、足立康史政調会長など指導部が接点を持ち、大阪では市長１人、府議６人、市議10人を数える（「しんぶん赤旗」８月27日）。

なぜ多いのか。それは維新の会結成の成り立ちと安倍官邸との深いかかわりにある。

『ポスト橋下の時代』（朝日新聞社大阪社会部・朝日新聞出版）に次のような興味深い一節がある。民主党政権下で野党暮らしをしていた安倍元首相を維新の会のトップにすえようとしたほどに、維新の会と安倍官邸はズブズブの関係だった。

――松井と菅には深い縁がある。

11年11月の大阪府知事・大阪市長のダブル選で橋下が市長に、松井が知事にそれぞれ初当選。維新の大阪での勢いは頂点に達していた。橋下は「都構想」実現のために新党を立ち上げ、国政に進出する考えを表明。候補者を選定する「維新政治塾」には全国から3300人以上が応募する人気ぶりだった。その中で、松井が新党の「トップ」就任を何度も要請したのが、当時は野党暮らしをしていた元首相の安倍晋三だった。松井ら維新幹部は安倍を「ミスター保守」と捉え、「国政への進出で保守勢力を結集する中心になってほしい」と語っていた。

当時、安倍は自民党総裁選への再出馬を模索していた。ただ、党内には、安倍が07年参院選で敗北し、首相を投げ出したというイメージも根強かった。悩む安倍を説得したのが、菅だった。「勝たせる自信はありません。負けてもいいからもう一度、政治家・安倍晋三を国民に見てもらいましょう」と背中を押した。菅は当時人気が高かった橋下ら維新からの「秋波」は、党内での存在感を高め、「安倍待望論」にもつながるとみていた。

菅は、水面下で橋下や松井と連絡を取り合うようになった。安倍も維新を意識し、離党したうえで新党合流は否定したものの、記者団には「維新の力をいかしていく道を考えたい」と語った。

結果的に維新人気がひとつの力になり、安倍は久しぶりの表舞台に躍り出た。総裁選への立候補を決断。安倍と維新の「蜜月」が注目を集めるなか、12年9月の総裁選で勝利し、同年12月の衆院選を経て安倍は再び首相に返り咲いた。党内で無役だった菅は官房長官に起用された。

「朝日新聞」の記者が書いたことは本当だった。安倍元首相銃撃事件直後の「BSフジ　プライムニュース」（7月13日）に出演した橋下徹元大阪市長と菅義偉前首相が、安倍晋三元首相と維新の会結党の経過について明け透けに語ったのだ。橋下徹氏は松井一郎氏らとともに維新の会を立ち上げた当事者である。内容は『ポスト橋下の時代』から引いた通りだった。

――それ以来、菅と松井の関係は強固になり、国政で菅がこだわる法案を維新が後押しし、大阪で松井が推進する政策を菅が政府として支援するという流れができた。松井は周辺に「一番尊敬するする政治家は菅さん。俺は菅派だ」と豪語する。毎年年末には安倍や橋下を交えて「忘年会」を開くのも恒例行事になった（朝日新聞出版・前掲書）。

では、「大阪で松井が推進する政策」を「菅が政府として支援」したものは何か。「大阪都の特別区を設置根拠法となる「大都市法」や、刑法が禁じているバクチを合法化するカジノ主体の統合型リゾート（IR）法（以下「カジノ合法化法」と呼ぶ）の整備であり、先進国20カ国会議大阪開催（G20）や25年大阪万博招致などである。ここでは「大都市法」と「カジノ合法化法」を検証しておきたい。

特別区設置の根拠となる「大都市法」整備を後押し

08年2月大阪府知事に就任した橋下徹氏は、10年地域政党「大阪維新の会」を立ち上げ、最重要政策として大阪市を解体し、大阪府に統合する「大阪都構想」を掲げた。しかし政令指定都市を解体・廃止する法律はなかった。ほとんどの中核市が政令市指定の目安とされる80万人の人口に近づけるために周辺市町村と合併を進め、都道府県並みの権限を有する政令市になろうとしている中にあって、政令市を廃止してまで半人前以下の特別区に再編することは想定されていなかった。

第30次地方制度調査会（11年8月設置）の第7回専門小委員会に出席した橋下徹氏（当時大阪市長、府市統合本部副本部長）は、『大阪都構想』は、現行の都道府県と市町村という枠組みを前提にするのではなく、新たな視点で、広域自治体と基礎自治体の再編をしようとするもの、現行の都区制度とは異なるものとした。その上で、大阪市を解体し、行政区を新な基礎自治体として作り直し、広域自治体への移行を目指すと説明した。さらに、大阪の二重行政は、施設の二重行政のことだけでなく、行政機構自体が府と市で二重になっていることが無駄であるとした」（自治総研通巻408号　岩崎忠「大都市地域特別区設置法の制定過程と論点」）。

この「大阪都構想」の動きを受けて、自民党は管義偉氏を座長とする「大都市問題に関する検討プロジェクトチーム」を立ち上げ、一方政権与党の民主党は「地域主権調査会」（海江田万里会長）の下に「大都市制度等ＷＴ」（逢坂誠二座長）を設置し、与野党問わず特別区設置に動き出した。当時の民主党政権は新自由主義に軸足を置いており、特別区設置へ傾いていた。12年７月30日、「大都市地域における特別区の設置に関する法律」（以下大都市法）が共産党、社民党をのぞく民主党、自民党、公明党など７会派によって共同提案され、８月29日成立した。管氏は第２次安倍政権発足前から「大阪で松井が推進する政策」を実現するために汗をかいた。

博打を合法化する「カジノ合法化法」も後押し

では大阪市からむしり取った権限と財源を注ぎ込み、維新の会が「成長戦略」に位置付けているＩＲ（統合型リゾート）の中核であるカジノを合法化する法整備はどのように進められたか。これは維新の会も大阪の自民党も推進の立場であり矛盾はなかった。ただ熱心さにおいて維新の会は凄まじい。

橋下徹知事は「こんな猥雑な街、いやらしい街はない。ここにカジノをもってきて、どんどん博打打ちを集めたらいい。風俗やホテル街、全部引き受ける」（「産経新聞」09年10月29日）と言い、「（日本は）ギャンブルを遠ざけてお坊っちゃま、お嬢ちゃまの国になっている。ちっちゃい頃から勝負を積み重ねて勝負師にならないと世界に勝てない」（10年10月28日「ギャンブリング・ゲーミング学会」での発言）とまで言い放った。13年１月26日、橋下徹大阪市長はカジノ・ＩＲ（統合型リゾート）法案の成立を後押しする意向を表明し、大阪府・大阪市ともに13

年度予算案に誘致に向けた調査費が計上された。

カジノの合法化による観光産業の振興を目的に、共産党、社民党を除く超党派の国会議員で国際観光振興議員連盟（通称「IR議連」、もしくは「カジノ議連」）が立ち上げられ、主要ポストは自民党議員が占めた。13年12月、「特定複合観光施設区域の整備に関する法律」（カジノ合法化法案）が初めて国会に提出された。この法案はその後一旦廃案になったり、再提出されたり紆余曲折があったが、16年12月15日、統合型リゾート（IR）整備推進法として成立する。紆余曲折があったのは刑法で禁止されている博打を合法化することや、ギャンブル依存症の危惧、何より人の不幸で経済の成長をはかろうとすることに、日本弁護士会が反対声明を出し、新聞各社が反対社説を掲げるなど強い反対世論と運動があったからだ。

大阪維新の会大阪市会議員団が、家庭教育支援条例案を全国に先駆けて大阪市議会に提案しようとしたのも、安倍官邸と蜜月関係だったことが背景にあることは先述した（第7章）。

このように安倍官邸と維新の会はツーカーの関係だった。統一協会との〝付き合い方〟も当然認識を共有していたはずである。

安倍元首相銃撃事件後ようやく開かれた臨時国会で、代表質問（10月7日）に立った維新の会の馬場伸幸代表は、「今国会は憲法改正議論が軌道にのるかどうかの試金石」「いつまでに国会発議するのか、明確に」と改憲をあおる一方で、「国葬は支持」、「統一協会問題」では「個々の議員が説明すべきで、揚げ足取りに力を注ぐべきではない」と言い切った。統一協会問題は「揚げ足取り」の問題ではない。事は反社会的カルト教団と癒着していた安倍元首相をはじめ自民党が、カルト教団と野合・癒着し、庇護してきたために霊感商法や高額献金が放置され、被害を拡大し政治・行政が歪められた問題である。統一協会問題を「揚げ足取り」という認識は、自らの統一協会とのつながりを追及するなと言うに等しい。

第9章

安倍晋三元首相「国葬」の愚

9月27日安倍晋三元首相の「国葬」（正式には「国葬儀」）が行われた。世論調査ではこの「国葬」をめぐっては、亡くなった直後こそ一定容認する世論もあったが、統一協会とのズブズブの関係が明らかになるにつれ反対が多数を占めるようになり、直前にはダブルスコア近くまで反対世論が高まった。「国葬」は行われたとはいえ、「国葬」が愚であったことに変わりはない。

〝検討使〟岸田首相が「国葬」をスピード即断

参院選当開票日の翌11日開かれた、世界平和統一家庭連合（統一協会）の記者会見で、田中富広会長は「友好団体が主催する行事に（安倍氏から）メッセージが送られてきたことがある」と明かした。その友好団体が統一協会のフロント組織・天宙平和連合（UPF）であり、そのイベントに送られたビデオメッセージのことは第2章で詳細した通りだ。そのビデオメッセージを見た山上容疑者が安倍元首相に恨みを募らせ、銃撃するに及んだこと、統一協会の組織票を自派の候補者に差配していたことなど、統一協会とズブズブだった安倍元首相の「国葬」を強行することに批判が急速に高まり、内閣支持率が急落する。不支持が支持を上回り、支持率は3割台に落ち込んだ。しかし相次いで自民党議員の統一協会との接点が明らかになってきても、岸田首相は自民党が組織的つながりを持ったことはない、個々の議員が説明責任を果たすべきと個人任せの対応を取り続けた。

内閣支持率が急落し、不支持が支持を上回るという事態は、昨年首相に就任後臨んだ衆議院選挙で勝利し、今年の参議院選挙でも勝利して、参院選挙後には大型選挙がなく、改憲や軍拡推進など重要懸案に取り組める「黄金の３年間」を手中にした岸田首相にとって、思わぬ誤算である。８月22日、ここに至ってようやく岸田首相は「出せるものは全部、表に出そう」と点検・公表することを茂木幹事長に指示した。しかしこの「点検」は個々の議員の自主申告であって、自民党としての調査ではない。「首相が重視したのは、自ら点検して公表し関係を断つという議員個人の『自主努力』。それで世論は納得する――という甘い認識だった」（「毎日新聞」８月22日）。

記者会見や国会答弁で、しばしば多用する〝検討する〟は岸田首相の口癖である。問われていることにはっきり言明しない常套句である。永田町では「遣唐使」ならぬ〝検討使〟と揶揄されている。その〝検討使〟が「国葬」の検討に入ったのは、報道によれば銃撃事件からわずか2日後、参議院選投開票の7月10日である。６日後の14日には記者会見し、早くも「国葬」を行うと発表した。与党自民党側に実施を伝えたのは記者会見の1～2時間前、野党はおろか、自民党への事前の根回しもなく、である。きっぱり統一協会と手を切ることに煮え切らない対応をしていたのとはうって変わり、〝検討使〟の決断は極めてスピード感があった。何がそう決断させたのか。

岸田首相は安倍氏を国葬にする根拠について、憲政史上最長の8年8カ月間政権を担ったこと、民主主義の根幹である選挙の行使中に非業の死を遂げたこと、多数の国から弔意が寄せられていること、日米関係を基軸とした外交に大きな実績を残したこと、「強いリーダーシップと実行力」で東日本大震災の復興と日本経済の再生をはかったこと、などを挙げた。しかしこれらの〝実績〟は真逆であり、まったく国葬に値しない。

歴代政権の憲法9条の解釈を180度変えて集団的自衛権行使を容認し、アメリカとの軍事的一体化の安保法制強行を、アメリカ政府が高く評価するのは当然のことだろう。しかし、「戦争しない国」から「戦争する国」へ180度転換をはかった安保法制に反対する世論と運動が一気に広がり、国会周辺は連日集会とデモが繰り返された。労働組合の組織率が落ち動員力も衰え、「全学連」もなくなっている中、安保闘争以来といわれるほどに規模の集会とデモが繰り広げられたのは、普通の市民や女性、学生らが自らの意思で立ち上がったからに他ならない。この闘いの中で自ずと「市民と野党は共闘を」の声が生まれ、それまでバラバラだった野党が野党連合政権の構想を共有し、選挙共闘までに至る。逆説的になるが、市民と野党の共闘をもたらしたのは、安倍強権政治がもたらした反面教師の〝実績〟ともいえる。

多数の国から弔意が寄せられたのは、選挙という民主主義が行使される真っ只中に、凶弾に倒れた衝撃的事件だった要因が大きい。外交の実績があった故に多くの弔意が寄せられたとするのは錯覚である。ロシアとの外交上の懸案だった、いわゆる「北方4島」返還問題では事実上「2島返還」に後退させた。領土問題は国の主権に関わる問題である。「主権の一部割譲」になりかねない売国的交渉だった。盟友アメリカからは武器を〝爆買い〟し、軍事拡大の一途をたどっている。

東日本大震災で東京電力福島第一原子力発電所の原子炉がメルトダウンし、環境に放射性物質が大量に飛散し、今なお故郷に戻れず県内外への避難者数（2022年8月1日現在）は2万9千人を数える。日本は賃金が上がらず成長しない経済社会になってから久しい。自らの経済政策に不遜にも「アベノミクス」と名打ち、「三本の矢」「新三本の矢」を立て続けに放ったが、長期政権中にも一向に改善されることも上向くこともなかった。賃金にも投資にも回らない大企業の内部留保ばかりが増え続け、500兆円にも達しようとしている。目下の物価高はウクライナ情勢だけが要因ではなく、安倍元首相が黒田日銀総裁とタッグを組んで始めた、事実上ゼロ金利の「異次元の金融緩和」が急速な円安と物価高を招く大元になっている。これで日本経済が再生した功労者とはとてもいえない。思想家の内田樹氏は、安倍時代が残したの最大の負の遺産は「国力の衰微」とまで言い放っている。この点についていては、項を改めて検証することとしたい。

岸田首相はモリ、カケ、サクラの安倍元首相の政治の私物化には一言も触れなかった。安倍政治の評価は大きく二分されており、とても「国葬」に値する政治家ではない。

国葬を政治利用――究極の政治の私物化

首相経験者などの葬儀は80年以降、内閣と自民党の「合同葬」が慣例だった。しかし岸田首相は、内閣設置法を根拠に「国の儀式」として閣議決定することで実施可能だとして、国会審議もないままに国葬を強行した。国葬は国家として安倍氏の政治を賛美・礼賛するものであり、憲法14条が規定する「法の下の平等」に反する。また国葬は、安倍氏に対する弔意を個々の国民に事実上強制につながる懸念がある。弔意を示すかどうかは、個人の自由であり、それを強制することは、憲法19条が保障する「思想及び良心の自由」に反する。『国葬』は結局一つの価値観を共有しようという儀式です。多様な意見や価値観、思想を認め合っていくのが現代です」（宮間純一中央大学教授）。岸田首相は安倍氏を国葬にすることについて、「丁寧に説明する」と繰り返し言明したが、在任期間が「憲政史上最長」となったとそれまでの説明を繰り返すだけで、国葬を納得させる説明は最後まで聞くことができなかった。国葬の強行と安倍元首相の統一協会との結びつき解明と断ち切ることへの消極姿勢が急速な支持を失った要因だ。

歴史的に見ても「国葬」は国威発揚、戦争推進に利用されてきた。戦前行われていた国葬はどんなものだったか。宮間純一中央大学教授は問題点を次のように指摘する。

――歴史を振り返ると日本の国葬は、天皇から「賜る」栄典の一種で、叙勲や叙位といった類いのものと位置付けられます。国葬の原型が作られたのが、当時の政府の最高実力者で1878年（明治11年）に不平氏族に暗殺された大久保利通の葬儀です。まだ基盤が不安定だった政府は、暗殺を契機に不平氏族や自由民権派などの反政府活動が活気付くことを危惧し、彼らを社会悪として完全否定する政治的意図をもって葬儀を行いました。

5年後の前右大臣・岩倉具視の葬儀になると、公文書に「国葬」という言葉が明記され、天皇の「特旨」（特別の思し召し）によって政府が公式に主導する形式上の国葬が成立し、以降敗戦まで天皇と皇太后を除き20人の国葬が営まれました。法的に規定されたのは（19）26年（大正15年）の国葬令で、国民の服喪の義務も明文化しました。

国民に天皇や国家を意識させるため、政府は天皇をめぐる儀式や儀礼を整備していきますが、国葬も基本的にはその一つでした。天皇に仕え国家に尽くした功臣の死を皆で悼んで、かりそめの一体感を生み、国民統合や国威発揚のための装置として作用したのです。

それがみごとに出ているのが、初代首相で韓国統監の伊藤博文の国葬です。日本が植民地化政策を進めていく中、（19）09年に中国東北部で朝鮮独立運動家の安重根に暗殺された伊藤の国葬を桂太郎内閣は素早く決定し、葬儀は熱狂的な盛り上がりを見せました。会場の日比谷公園周辺は大変な人だかりのお祭り状態で、警察が介入したトラブルが数万件も発生したといいます。朝鮮半島でも離島の追悼式が行われ、植民地化政策の道具として使われた面もあります。

（19）43年に米軍に撃墜された山本五十六・連合艦隊司令長官の国葬は、戦局が悪化して行く中、国民を戦争に動員するための儀式として行われました。東條英機首相は山本元帥に続いてわれわれはこの戦争を完遂しなければならないというメッセージを発しました（「国葬とはそもそも何か　その問題点は」「しんぶん赤旗」22年8月16日）。

というように「国葬」は国威発揚・戦争推進のために行われたというのが歴史的事実である。

岸田首相が国葬をスピード決断し、反対世論が高まっても強行したのは政権浮揚に政治利用するためだった。昨年の衆議院選挙と今年の参議院選挙で大勝し「黄金の3年間」を手に入れたといっても、〝検討使〟の岸田首相が所属する宏池会は中堅派閥であり、かつ〝リベラル・ハト派〟集団とされる。党内右派・最大派閥の安倍派に媚びをうり、取り込まなければ党内支持基盤が盤石ではない。安倍氏の国葬をテコにして、安倍元首相がやり得なかった改憲や軍拡を推進する足場固めを狙ったといっていい。しかし統一協会ととりわけ結び付きがある、最大派閥の安倍派を取り込もうとすれば、統一協会に対して煮え切らない対応を取らざるを得ない。結果、国葬の強行と統一協会への煮え切らない対応が国民の批判を招き、内閣支持率急落という裏目に出た。「国葬」は新たな政治の私物化である。

安倍氏の国葬を最も喜ぶのは統一協会

では「国葬」は実際どんな様相だったたか。

前日も当日も安倍氏が静かに送られるどころか、「国葬」に抗議する集会やデモが全国各地で行われた。どのメディアでも反対が賛成を上回り、中にはダブルスコアに近いほど反対が多かった調査もある。それほど世論が二分しただけに、日頃市民の社会・政治運動に関わることは滅多に報じない主要メディアも、「国葬」反対の集会やデモの模様を伝えることは伝えた。

しかし当日の報道は武道館での「国葬」の模様を長々と放映し、一般市民が献花台に向かう、整然と並ぶ長蛇の列が午後7時まで続いたと流す一方で、警察官や機動隊員にサンドィッチにされ、「国葬中止」を叫ぶ反対デモがあたかも〝国賊〟でもあるかのような、印象操作の映像を流した。むろん翌朝の朝刊には、「国葬」の模様と反対派のデモの写真の扱いを世論が反映するサイズにするなど公正な報道もあることはあった。

では「国葬」そのものはどうだったか。各社のテレビは「国葬」報道一色。しかも安倍元首相を礼賛する政府作成のビデオ上映あり、安倍政治を天まで持ち上げる弔辞ありだった。

にもかかわらず「国葬」直後に行われた各社の世論調査で、それまで急落した岸田内閣の支持率がさらに下がり続けていることは、「国葬」を是としない世論が依然広がっていることを反映している。

「国葬」に反対する理由は、国民の代表である国会の議決を経ずに閣議決定で強行したこと、法的根拠がなく法の下の平等に反すること、経費が多大であること、強権的政治運営やモリ、カケ、サクラに見られる政治の私物化など安倍氏の評価は定まっておらず「国葬」に値しないことなどである。安倍元首相「国葬」の直前、イギリスのエリザベス女王の国葬が行われた。その女王の国葬でさえ国会の議決を経て行われている。そのことも反対世論に火に油を注いだ。

評論家の佐高信氏は「今日の国葬を誰が一番喜んでいるか、言うまでもなくそれは統一協会「統一協会が喜ぶ国葬をやって、自民党が統一協会と離れることができるか」（9月27日　日比谷公園）と痛烈に皮肉った。

「国葬」――時代錯誤・復古主義の憲法違反

葬儀委員長を務めた岸田首相の弔辞は、安倍氏の葬送というより、改憲手続法の制定、防衛庁の「省」昇格、教育基本法の改定、平和安全法（安保法制）・秘密保護法の制定、日米同盟の強化を羅列する安倍政治の礼賛とその継承の誓いで、概して〝不評〟だった。対して、官房長官として第2次安倍政権を終始支えた菅義偉前首相の弔辞は、自民党総裁選へ再出馬をためらう安倍氏を、居酒屋で長時間にわたって説得し背中を押したことに触れると、拍手が沸き〝感動的〟だったという。ネット上では称賛する書き込みが相次ぎ、「岸田の次は菅の復活か」というものまであった。果たしてそうか。菅氏の弔辞の中身をよく見ればまったく酷いものだ。落語家の立川談四楼師匠は痛烈にツイートした。

――菅前首相の弔辞だ。「温かな微笑みに最後の一瞬、接した」はまあいい。医学的なツッコミはしない。だけど「総理、あなたの判断はいつも正しかった」は看過できない。いつも国葬同様、国論を二分する中での強行採決だったじゃないか。それを正当化するのを独善と言うんだぜ。酷いぞ、弔辞の政治利用は（10月1日）。

談四楼師匠があえて言及しなかった「医学的ツッコミ」とはこうである。菅氏が東京から駆けつけたのは、同日夕方心肺停止状態の安倍元首相が搬送された奈良県立医大附属病院である。事実上の即死の状態で果たして「温かな微笑みに」接することができたのか、というツッコミである。

安倍政治は歴代内閣がやろうとしてもできなかった、国論を二分する懸案を十分な審議なく相次いで強行した。それを「総理、あなたの判断はいつも正しかった」とは決して言えまい。

元文科省事務次官の前川喜平氏は、「東京新聞」の「本音のコラム」欄（10月２日）に「ユウエンナルスメラミクニ」という一文を寄せている。黙祷の際に自衛隊の音楽隊が演奏した曲が明治時代に作られた軍歌「國の鎮め」であったことに戦慄を覚えたという。その歌詞はこうである。

――國の鎮（しず）めの御社（みやしろ）と斎（いつ）き祀（まつ）らふ神霊（かむみたま）今日の祭りの賑ひを天翔蹴りても御覧（みそなわ）せ治まる御世を護（まも）りませ。

何という古色蒼然とした歌詞であることか。一言一言解説がなければ意味を読み取れない。大日本國憲法の復活を夢見ていた復古主義の安倍氏にはふさわしいのかも知れない。しかし国民主権の憲法のもとで天皇主権をうたう軍歌を選曲したことは憲法違反である。前川氏は続ける。

――御社とは靖国神社や護国神社のこと。神霊とは戦死者の霊のこと。これは明らかに国家神道の歌だ。国の機関が行う行事でこのような曲を演奏することは憲法二〇条三項の政教分離原則に違反している。

時代錯誤はそれだけではない。前川氏は続いて天皇の使いの拝礼の際に演奏された曲目「悠遠（ゆうえん）なる皇御國（すめらみくに）」に触れている。

――これも戦前に作られた曲かと思いきや、作曲者は自衛隊の音楽隊員で、初演されたのは二〇一九年だという。悠遠とは天照オオミカミに始まる皇統の古さを表す言葉だ。皇御國とはアマテラスがその孫であるニニギノミコトに与えた神勅により代々の天皇が治める国のことだ。この曲名は戦前の國體思想そのものではないか。僕はわざと國という旧字を使って今は通用しない観念だということを示しているのだが、この曲の作者は逆に國體を復活させたいと思ってこの字を使ったのではないか？　この曲名は天皇を主権の存する国民の総意に基づく象徴とする日本国憲法に反している。せめて曲名を「平和な日本国」にでも変えてほしい。

前章で、安倍元首相が森友学園の籠池理事長の「瑞穂の國記念小學院」の設置に強く共感し、9億6千万円もの国有地をただ同然で払い下げ、小学校設置を後押ししたことに触れた。その校名の「國」も旧漢字だった。「国葬」の法的根拠のなさについても臨時国会で追及されるべきだが、実施された「国葬」の中身についても、こうした時代錯誤の復古主義、憲法違反の曲が演奏されたことも追及されるべきである。

宮間純一中央大学教授（日本近代史）によれば、「國の鎮め」は靖国神社の式典で用いられ、吉田茂元首相の「国葬」に使われたのが踏襲されたという（「改めて考える『国葬』と自衛隊」――「しんぶん赤旗」22年10月27日）。

安倍時代が残した最大の負の遺産「国力が衰微」

安倍氏の国葬が憲法違反であり法的根拠がないだけでなく、そもそも外交でも内政でも「国葬」に値する実績がないことをこれまで縷々述べてきた。

思想家の内田樹氏は「安倍時代が残した最大の負の遺産は『国力が衰微しているという事実が隠蔽されている』こと」（「日刊ゲンダイ」ＤＩＧＩＴＡＬ 22年９月25日）と指摘した。

――この10年間で日本の国力は劇的に衰えた。経済力や学術的発信力だけではない。報道の自由度、ジェンダーギャップ指数、教育への公的支出の対ＧＤＰ比ランキングなどは「先進度」の指標だが、そのほとんどで日本は先進国最下位が久しく定位置になっている。

だが、「国力が衰えている」という国民にとって死活的に重要な事実そのものが（報道の自由度の低さゆえに）適切に報道されていない。安倍時代が残した最大の負の遺産は「国力が衰微しているという事実が隠蔽されている」ということだろう。

「国力が衰微している」――例えば先述したことだが、97年をピークにもう20年来実質賃金が上がらない国になっており、ＧＤＰの６割近くを占める個人消費が伸びず国力が落ちていることはある程度知られるようになった。何より国民が暮らしにくさを実感していることである。政権の側もその実態を認めざるを得なくなり、財界詣でをしてまで賃上げの要請をしている有様だ。しかし内田樹氏はあえて「国力が衰微しているという事実が隠蔽されている」という。「国力」とは内田氏がいうように、「経済力や学術的発信力だけではない。報道の自由度、ジェンダーギャップ指数、教育への公的支出の対ＧＤＰ比ランキング」が「先進度」の指標と言っていることに留意したい。それらの日本の指標が世界の下位にランクされているにもかかわらず、報道の自由度の低さゆえに、適切に報道されていないというのだ。内田氏は「国力が衰えている」にもかかわらず、国民に知らされず隠されているから、安倍自民党を勝ち続けさせ、〝安倍一強〟を作り出したという。

――国力はさまざまなチャートでの世界ランキングによって近似的に知られる。１９９５年は世界のＧＤＰのうち日本は17・６％だったが、現在は５・６％である。89年の時価総額上位50社のうち日本企業は32社だったが、現在は１社。経済力における日本の没落は顕著である。

――だが、日本メディアはこの経年変化についてはできるだけ触れないようにしている。だから、多くの国民はこの事実そのものを知らないか、軽視している。それどころか、政権支持者たちは安倍政権下でアベノミクスが成功し、外交はみごとな成果を上げ、日本は世界的強国であるという「妄想」のうちに安んじている。

その「妄想」をもたらしているのが新自由主義のイデオロギーだと次のように指摘する。

――安倍時代における支配的なイデオロギーは新自由主義であった（今もそうである）。すべての組織は株式会社のような上意下達組織でなければならない。「選択と集中」原理に基づき、生産性の高いセクターに資源を集中し、生産性の低い国民はそれにふさわしい貧困と無権利状態を甘受すべきだ。そう信じる人々たちが法案を作り、メディアの論調を導いてきた。その結果がこの没落である。

国民が「貧困と無権利状態」にさらされたら、以前（相当前になってしまうが）の日本社会だったら反撃に立ち上がっただろうが、「甘受」させられているのは、新自由主義の分断イデオロギーが反撃のエネルギーをそいでいるからだろう。新自由主義の政策手段である「選択と集中」によって、必然的に「勝ち組」と「負け組」が生み出される。「勝ち組」は勝者であり成功である。「負け組」は敗北者であり失敗である。敗北と失敗は自己責任とされる。相次いで労働法制が改悪され製造現場まで派遣労働を広げ、年収200万円以下のワーキングプアが1100万人前後の大台を高止まりしていても、無権利の派遣労働が改善されることはなく「負け組」と自己責任で片づけられる。そこには「国力」がどうなっているかは隠蔽されてしまう。

――だが、誰も非を認めない。すべては「成功」したことになっている。それは、政権与党が選挙に勝ち続けたからである。安倍元首相は6回の選挙に勝利した。しばしば圧勝した。この結果が「国民の過半は安倍政権が適切な政策を行ってきたと判断した」ことを証し立てていると政府は強弁した。

憲政史上最長を誇った安倍政治時代に「貧困と無権利状態」が改善された形跡はない。

危機に立つ「中流」

9月18日放映のNHKスペシャル番組「〝中流危機〟を越えて」は、ローンを組んでマイホームを手に入れた50代の夫婦が、伸びない年収に「こんなはずじゃなかった」とマイホームを手放すシーンが印象的である。

かつて「1億総中流」と言われたが、もう「中流」より「下」と思う人が多数だ。94年と19年を比較した年収の中央値は505万円から374万円に131万円も落ち込んでいる。100万円~300万円の割合が中央値の割合より多い。その要因として高齢化世帯と単身世帯が増大し、非正規雇用の増大を挙げている。

日本社会がもう成長しない国になって久しい。くわえて「円独り負け　25%安」(「しんぶん赤旗」22年9月22日)という超円安と40年ぶりという物価高が襲いかかっている。「黒田日銀総裁は『今の円安』というのは実はドルの独歩高です」と言うけれど、円だけが最も落ち込んでいる。円安というのは対外購買力が落ちていることで、輸入価格が上昇することだ。今の物価高の最大の要因はここにある。

各国・地域の中央銀行が物価抑制のために金融引き締めに転じる中、金融緩和に固執する日銀の政策が円売りを招いているというのに、日本銀行は「金融政策決定会合を開き、現在の大規模な金融緩和策を維持することを決めた。日銀はきょうまでの会合で短期金利をマイナス0・1%、長期金利をゼロ%程度に誘導することを柱とする現在の大規模な金融緩和策を維持する」(同前)という。

こんな暮らしに誰がした。労働法制を緩め非正規労働者を増大させ、異次元の超低金利金融政策を支持してきた安倍政治ではなかったか。そんな人物は100%「国葬」に値しない。

第10章

「勝共連合」による反共謀略、「連合」による「市民と野党の共闘」分断

ジャーナリストの柿田睦夫氏は、前出の「旧統一協会の正体と歴史を暴く」(「しんぶん赤旗」22年7月24日)で、その実態を「集団結婚+金集め+反共謀略」と特徴づけた。この反共謀略についてはメディアも統一協会を追及してきたジャーナリストもあまり触れることがない。統一協会は事あるごとに反共謀略攻撃を仕掛けてきた。『勝共』とは単なる反共主義ではなくて、共産主義思想そのものを抹殺するという思想」(柿田睦夫「統一協会の正体・本質は何か」/「前衛」22年10月号)である。統一協会の霊感商法やその韓国中心主義、〝反日〟の教義、反共謀略活動を50年来暴き、告発、追及してきたのが日本共産党と「しんぶん赤旗」である。

反共謀略の本領を発揮した京都知事選

その反共謀略を担ってきたのは、統一協会の政治部門である国際勝共連合である。国際勝共連合が設立されたのは、68年4月1日。勝共連合は統一協会と表と裏、事実上、統一協会と一体の組織である。勝共連合は共産主義=悪魔と位置付け撲滅の対象にしている。勝共連合は反共謀略ビラの配布など、自民党が公然とできない〝汚れ仕事〟を担当する日本政治の闇勢力である。その勝共連合が反共謀略部隊として公然と現れたのが、70年4月の京都府知事選挙であり、彼らが〝役に立つ〟存在だと自民党に気づかせる契機になった。ジャーナリストの柿田睦夫氏は、辻寛一自民党全国組織委員長(当時)が語った言葉を紹介している。

――ボクが彼ら（勝共連合）の行動力に感心したのは京都府知事選挙の時だ。実によく働いてくれた。できたら自民党に入党させたい。そして党青年部に筋金を入れてもらいたい（「週刊文春」70年10月5日号）。（日隈威徳「統一協会＝勝共連合とは何か」―柿田睦夫「再刊にあたって」）。

この知事選は「憲法を暮らしの中に生かす」が信条の、6期目を目指す蜷川虎三知事に対して、自民・公明・民社の3党連合が挑んだ選挙である。辻寛一は〝感心〟した理由を次のように語っている。

――自公民派は蜷川府政を批判する『府民新報』号外を含む五〇万枚のビラを配った。五〇万枚のうち「四五万枚は公明党の手で、残りの五万枚は勝共連合によって配られた」（「朝日ジャーナル」70年9月20日号　柿田睦夫・前掲書）。

当時、勝共連合は結成されてから間もない3年目だったが、その働きぶりが注目された。ただしこの時は、自公民派のビラを配るだけという、受け身の仕事だった。彼らが〝汚れ仕事〟の前面に出たのが、78年の京都府知事選である。

この知事選は、蜷川民主府政の継承発展をめざす元京大教授・杉村敏正氏に対して、自公民派は現職の参議院議員を擁し、社公民派は革新分断の挙に出て元副知事を担ぎ出し、7期務めた蜷川知事が高齢で引退するのを民主府政打倒のチャンスと見て総力態勢で挑みかかった。当時自民党京都府連会長だった前尾繁三郎（元衆議院議員議長）は、回顧録「政治家の方丈記」で「これ（共産党）に対しては勝共連合の協力を求めて対抗した」と記している（柿田睦夫・前掲書）。政権政党の重鎮から声がかかり、勝共連合に〝汚れ仕事〟の本領を発揮するお鉢が回ってきた。

勝共連合が前面に出た反共謀略がどんなものだったか。引き続き柿田睦夫氏の前掲書から引きたい。

――大学の原理研究会や統一協会の献身者（学業や仕事を辞めて集団生活する信者）から選りすぐりのメンバーが送りこまれた。「世界日報」七八年四月八日付は「十九台の宣伝カーと二千人の会員を動員」し、「機関紙号外九種類」「京都には約二八〇万枚」を配ったと書いている。「共産党の殺人癖」「リンチ殺人がゾロゾロ」「百合子毒殺の周辺」……。捏造で埋められたどぎつい見出しの「思想新聞」号外がバラまかれた。黒い大型宣伝カーが大音量で走り抜け、京都市の中心・四条河原町を「宮本（顕治・共産党委員長）を証人喚問へ」のゼッケン、白ハチマキ姿で埋め尽くした。杉村候補のビラを配る女性の耳もとにハンドマイクをつきつけて「日共粉砕」「人殺し」とどなり続ける……。京の街は無法地帯と化した。

大音響で反共をがなり立てて走り抜ける様はまるで右翼の宣伝カー顔負けである。想像を

絶する無法ぶりである。

「宮本リンチ殺人」といっても50歳代より若い世代は知らない人が多いだろう。戦前の治安維持法のもと、特高警察はスパイを日本共産党内に計画的に送り込み内部から挑発し、破壊する手段に訴えた。１９３３年12月、宮本顕治中央委員らが２人のスパイの詳細を調査中に、スパイの一人が内因性の急性心臓死したことを指している。宮本顕治は治安維持法違反などで有罪判決を受け服役したが、戦後東京地方検察庁から「将来に向て其の刑の言渡を受けざりしものと看做《みな》す」との復権証明書が出されており、戦前の治安維持法に基づく有罪判決を否定し、判決そのものがなかったことが確定している。にもかかわらず評論家の立花隆は「文藝春秋」76年1月号に発表した「日本共産党の研究」で、戦時下の暗黒裁判が宮本顕治に下した判決を無条件に正当視して攻撃を加え、さらに同年1月27日、春日一幸民社党委員長が衆院本会議壇上から、「いわゆるリンチ共産党事件」などと反共演説をぶちあげた。

彼らが〝ネタ〟もとにしたのは、東京地裁八王子支部の鬼頭史郎判事補が74年7月24日網走刑務所を訪れ、治安関係事件を研究しているなどと偽りの理由を告げて、本来閲覧が許されない「身分帳」を閲覧・写真撮影したものだった。鬼頭史郎判事補はこの件で有罪判決を受けた。

それに止まらない。

――「思想新聞」同年四月二一日付は「特殊部隊を作る。相当効果が出る」と書いている。

「特殊部隊」とは何か。「京都民報」同年五月七日付がその一端を伝えている。

「勝共連合の男にツバをはきかけられ、思わず左手でよけようとしたら、突然男が倒れ、その途端「見たぞ、見たぞ、共産党が暴力をふるった」と四方からとり囲まれ、そのまま派出所に連れ込まれ……」。

（勝共連合の）男は宣伝カーにもどり、左手人さし指を自分の歯でかみ切り、目をつりあげて「暴力をふるわれた。傷害罪だ。現行犯逮捕せよ」と、そばにいた警官に叫びました」。

「特殊部隊」の手口は、直後の東京・立川市議選や翌七九年の東京都知事選にも持ち込まれた（柿田睦夫・前掲書）。

勝共連合の「特殊部隊」の男が自作自演で人差し指を噛み切り、蜷川陣営の活動家を罪に陥れようとしたのだ。

大阪府知事選――謀略の辻邦男事件

反共謀略が荒れ狂った京都知事選の翌79年の春、大阪府知事選で京都知事選と瓜二つの謀略事件が引き起こされた。辻邦男勝共事件である。

79年春。京都に続いて政党としては共産党だけが推す、3期目をめざす黒田了一知事と自民、社会、公明、民社、新自由クラブ、社民連の6党と関西財界、大阪地評、同盟、電機労連が束になっ

て担いだ岸昌元副知事との一騎討ちだった。前回75年の知事選は、同和行政をめぐって社会党府本部、大阪地評が黒田陣営から脱落し、社公民3党は桃山学院学長を擁し、自民党が擁立した副知事と三つ巴になった。結果黒田知事の圧勝を許した〝教訓〟を踏まえ、反黒田陣営が1本にまとまった79年の知事選は、黒田革新府政をつぶすチャンスと見て反府民連合が総力をあげた。双方、互角のまま最終盤にもつれ込み、投票日まで、あと3日に迫った4月5日、勝共連合は裁判所から同種のものが配布禁止されていた違法ビラ（4月5日付「思想新聞号外」）を配布し選挙妨害を開始した。

「79年大阪府知事選挙　勝共謀略・政治弾圧時辻事件　大阪地裁最終弁論要旨」（辻事件弁護団、辻邦男さんを守る会）に目を通すと、統一協会＝勝共連合がいかに謀略集団であるかがよくわかる。この最終弁論要旨によって事件を再現し、勝共連合の反共謀略ぶりをリアルに見ておきたい。以下弁論要旨では「被告人」となっているところは辻に変えている。松田幸子は〝暴力を振るわれ、顔面に傷を負った〟という勝共連合の女性。また杉山好子は料亭「花束」の従業員である。

――4月7日午後2時、辻邦男、河内朋之、新町信幸、浜田正男の4人は、赤旗宣伝隊として、心斎橋での宣伝行動に合流するために、大阪市南区谷町六丁目のセンターを出発。途中、ハンドマイクで宣伝したり、赤旗号外をまいたりしながら進み、堺筋を越えて約100メートル西進したところで、当時は気づかなかったが勝共連合の男から号外を求められたので渡し、さらに北側歩道を西進した。

大阪中華総会ビルの前に差しかかるとその中にあった国際勝共連合大阪本部事務所から、勝共連合の男2人が大型ハンドマイクを1台ずつ持って、「これは人殺し共産党」「待たんか、お前ら何ちゅうビラを配ってるんや」と言って飛び出してきた。

2人の男はハンドマイクのボリュームを最大にし、「お前ら共産党は人殺し集団やないか」「人殺し宮本は網走へ帰れ」「この男たちの顔を見てやって下さい、人を殺しそうな顔しております」などと叫びながら、車道から、辻らのいる歩道へ上がり、行く手をさえぎりながら、辻らの真前や、耳元にハンドマイクを近づけたため、宣伝隊は大変な苦痛を受けた。

そして、辻らが前へ進もうとして、体が触れると「暴力を振るった、暴力を振るわれた」とマイクで叫ぶ状況で進むことができず、北側の建物に背をむけて、カニの横ばいのような状況で少しずつ進む以外になかった。そこでやむなく一人が谷町センターに公衆電話で状況を説明した。

その頃、勝共連合の女3人が勝共大阪本部事務所から4月5日付思想新聞号外を脇にかかえて出て「共産党は暴力集団だ」「宮本は人殺しだ」などと叫び西へむかって行った。

辻らがこのようにして、大宝寺町の交叉点の手前10メートルぐらいのところに進んだときにコック風の男が出てきて、「やかましいて仕事にならん」というので辻らはハンドマイクの使用をやめたが、勝共連合の男2人は2台の大型ハンドマイクで依然としてつづけていた。

辻らが交叉点に近づいた時に交叉点の北方から他の赤旗宣伝隊の者が来た。交叉点に入る

と場所が広くなり被告人らは押し付けられた状態を脱することができた。勝共連合の女達が号外を大声で叫びながら交叉点のまわりをこれ見よがしに配布しており、辻らに手渡されたので辻は4月5日付号外であることを知った。辻ら4人は、それぞれ勝共連合の女らに対し「違法ビラだからやめるように」「付近の人たちに受け取らないでください」と呼びかけたり、別にきた4、5人赤旗宣伝隊の者と一緒に交叉点の北東角で「勝共連合は違法ビラをまくな」「選挙の公正を汚すな」「韓国生まれの勝共連合は日本の政治を汚すな」などと肉声でシュプレヒコールをした。

そして、それぞれが勝共連合のハンドマイクをもって叫んでいる2人の男に抗議したり、号外を配布している女らに抗議したりしていた。

交叉点の北西角から2～3メートル西に入った所で勝共連合のハンドマイクで大声で叫んでいた男にモータープールから出てきた人が「やかましいじゃないかやめんか」という趣旨のことを言ったが、勝共の男はやめずかえってマイクを向けて行ったので勝共の男の胸をつかむというようなことが起こり、一瞬静かになった。

辻はその時、交叉点北西角付近にいたところ、左隣にいた新町信幸が「ビラを配っている」というので辻が見ると、交叉点から南20メートルぐらいの所で道路の東側で、松田幸子が近くの人に号外を配っていた。

辻にしがみつき「暴力を振るった。逮捕してくれ」

辻は松田を見ながらいくらか早足で歩いて近づいて行ったが、松田幸子はさらに1～2メートル南に行って、西側に横断し、料亭「花束」の玄関に号外を入れて、北に歩き、モルタル壁の北方で並んで立っていた3人の女の内一番南側にいた杉山好子にモルタル壁の近くで右手に持っていた1枚の号外を渡そうとした。辻は杉山と松田の前に立ち止まり、北を向いていた松田に対し「違法ビラだからまくな」と言い、松田の方を向いていた杉山に対し、「受け取らないでください」と言ったが、松田が号外を差し出したままであったので、辻は松田の持っていた1枚の号外を手ではたき落とした。その瞬間、松田はモルタル壁の方に向きを変え、姿勢を低くすると同時に後手を伸ばし辻のヤッケの前をつかみ、「この男が私に暴力を振るった、逮捕してくれ」と大声で叫んだ。

すると、直ちに勝共連合の男が、2～3人辻の背後から飛びかかり、松田は、辻の右腕にしがみつき、「この男を捕まえてくれ」と叫んでいた。

そして、勝共連合の男らが増えてかたまりとなり、赤旗宣伝隊の者が来て引き離そうとしても離れず、一団となって北東の方へ進み、交叉点の南東の角付近に来てもさらに引っ張られるので勝共連合の者によって連れ去られる危険を感じて辻はオリタクロージング前の消火栓のポールに両腕でしがみついた。

松田は辻の右腕をつかんだまま離さないまま、集団になっていたところ、警察官が来て、勝共の男達を一人一人引き離し、最後に辻と松田が残り、松田は警官が、「警察や言うたらわからんのか」と言っても離さないので、無理に引き離したところ、松田はさらに辻にしがみつき、警官がこれを引き離した。

警察官は警察手帳を見せて、どうしたのかと言うので、辻は違法ビラを取り締まれ、宣伝物を妨害された旨を述べ、松田は暴力を振るったから捕まえてくれという旨を述べていた。

警察官はここでは、事情も聞けないので、警察まで来てくれ、事情のわかる者はいないのか、両方の責任者はいないのかというので、被告人と浜田正男が行こう行こうということになり警察官が先に案内するような形で歩き、辻に続いて浜田と警察官らが歩いていた。

辻は南署へ着くと部屋に通されたが警察官からどうしたのかと聞かれて、辻が勝共連合の4月5日付の思想新聞号外が名誉毀損と公選法違反で告訴告発されているものであり、各地の選管で違法だと認定されているのだから勝共連合の配布行為の取り締まりを求めた。

警察官も地図を示し、どこから来たのかと言うことを聞くなど、違法号外の取り締まりについての話をしていたが、しばらくして警察官が出て行き、辻のみが部屋で待っていた。5分か10分位して、警察官が部屋に戻り、「相手の女性が君に暴力を受けてけがをしたという訴えがあった。君にどつかれて、体当たりされて髪の毛を持って壁にガンガン頭をぶつけられたと言っている。証人もいるので傷害の現行犯で逮捕する」と言い始めた。

70年代共産党と革新勢力が躍進した時期、「宮本リンチ殺人」――この材料はしばしば共産党攻撃に使われたが、79年の大阪府知事選でも勝共連合はこの材料を使ったどぎつい「思想新聞」号外ビラを連打した。

こうして辻邦男は勝共連合とつるんだ警察・検察権力のワナにはめられた。大阪地検は6月5日、松田幸子を〝突き飛ばし、体当たりし、壁に打ちつけ、顔面に5日間の障害を与えた（傷害罪）〟として辻邦男を起訴した。以来辻邦男は10年にわたって裁判を余儀なくさせられることになる。しかし、でっち上げの作り話だから公判が進むにつれ、勝共連合側の証言に次々矛盾が露呈し破綻した。

そもそもこの事件の当事者である辻邦男は駆け付けた警察官に、「違法ビラを配布させるな」と訴え、一方の松田は「この男に暴力を振るわれた。逮捕せよ」と訴えたことから始まった。警察官は「言い分は南署で聞こう」と促し辻を同道させながら、〝被害者〟の松田幸子を同道させず放置したままだった。ところが公判で検察側の証人に立ったその警察官は「松田の顔の傷を現認したので準現行犯逮捕した」とウソの証言をした。もし事件現場で現行犯逮捕したというのであれば、松田の顔の傷が最大の、しかも唯一の物証なのだから、警察官は松田の身柄を確保して医師の診断を受けさせて証拠を保全するという、捜査上の初歩的な処置をとらねばならない。また〝被害者〟の松田も取り調べしなければならないのに放置したままだった。そのことからいっても警察官の証言は虚言である。公判記録の最後で述べられているように、事実は辻が南署に着いてから聞き取りされた後、「証人もいるので傷害の現行犯で逮捕する」と告げられて署内で逮捕された。

一方南署に同道せず事件現場から離れた松田は、勝共連合本部事務所に立ち寄っていないと証言したが、どこへ行ったかは曖昧にした。一方同じ勝共連合のメンバーである木佐貫千鶴子は、「松田とは事務所の一階の入ったすぐのところで会った」とか、「事務所には証人（木佐貫）が先に入り後から松田が入ってきた」「そのときには他の勝共のメンバーもいた」「証人（木佐貫）は松田より先に南署へ行った」と証言した。木佐貫の証言は詳細にかつ具体的でありリアリティがある。この木佐貫の証言によって、松田が勝共連合の事務所に立ち寄らなかったという証言がウソであることが明らかになる。

辻を傷害事件で逮捕し、〝事件〟にするには松田の顔に傷がなければならない。では松田の顔の傷はどこで作られたか。弁護団は、松田が事件現場から勝共連合の事務所に戻り、松田や木佐貫をはじめメンバーらが、辻に「花束」の壁にぶつけられて顔に怪我をした、ということで打ち合わせ、そこで怪我をつくったものと推測した。

しかしこのような勝共連合と警察、検察の作り話は、裁判官には考えられないようなことである。弁護団は勝共連合に詳しい5人の証人を立てて、勝共連合がいかに謀略集団であるか縷々証言に努めた。

大阪高裁の判決は「松田が途中勝共連合の事務所に寄っていないという供述内容は措信（信用）できない」、逮捕したという警察官の供述についても「松田の受傷を明瞭に確認した上での行動であったと断ずるには疑問がある」とし、松田の傷を診察した医師による「（松田の）

顔面顔面打撲擦過傷と診断された傷害が被告人（注・辻のこと）の行為によって生じたと認定するには数々の疑問が存し、合理的な疑いを容れる余地がないとは言えない」として傷害も否定した。すなわち暴行・傷害がすべて否定する、完全無罪判決だった。

作り話だから勝共連合側の供述や証言の矛盾が露呈して自滅したというのが公判の経過である。勝共連合がいかに謀略性に満ち満ちた集団であるかがよく分かる事件だった。勝共連合の反共妄動は共産党が支援する黒田知事を落選させることだけが目的である。大型ハンドマイクで大音量の宣伝活動を止めるようコック風の男やモータープールから出てきた人から抗議されてもやめようとはしなかった。彼らが市民からどう思われようとも一向に意に介さないのは、勝共連合が知事選挙の当事者ではないからだ。反共謀略だけが彼らの存在意義である。反共のため公正であるべき選挙の汚し役であり、この点においても統一協会＝勝共連合は歴とした反社会的集団である。知事選の結果は6党軍団と関西財界、労働界を相手に黒田知事は167万票を獲得し、12万票差の「偉大なる敗北」だっただけに、勝共連合の反共妄動が果たした役割は決して小さくなかった。

出所不明の謀略ビラの黒幕は元公明党大阪府本部代表

90年代半ばから後半にかけて日本共産党が大きく躍進する。98年参議院の比例代表得票は共産党史上最高の820万票を得、改選6議席を15議席へ2・5倍化した。筆者が在住する大阪選挙区でも、77万票を獲得し議席を獲得した。97年5月行われた定数1の大正区府議補選で共産党候補が当選、98年7月には50万都市の東大阪市長選で共産党員市長が誕生。その時期から勝共連合は反共謀略をエスカレートさせていく。

99年4月の知事選中、横山ノック知事がアルバイト選挙運動員の女子学生にセクハラしたことが明るみになり辞任、突然行われることになった2000年2月の大阪府知事選でも、異常な日本共産党攻撃が展開された。

この知事選の反共攻撃で特筆されるべきは、「勝共連合」(統一協会)に公明党・創価学会が加わり、出所不明のビラが200万枚規模で配布されたことである。ビラの内容は「勝共連合」の「思想新聞」そのままである。不破哲三共産党委員長は「こんなことができるのは、例の宗教政党・宗教団体」であり、「府民をヤミ討ちする勢力に政治をまかせるわけにはいかない」と批判した。

「謀略ビラ」は同年6月の総選挙でも大規模に展開された。日本共産党大阪府委員会と「赤旗」記者の追跡で、その一つの発行人が突き止められた。

——99年10月、自民党、公明党の連立政権が生まれた、翌年6月の解散総選挙では、全国的に推計60種類、1億枚という規模で「謀略ビラ」が配布された。

その一つ「ディスカス」はカラー大判ビラに「日本共産党の実態について大公開します」「共産党ほど怖い政党はない」などとデタラメ記事を満載。「自由ネットワーク関西機関紙」とあるものの、記載された住所は使用形跡のないマンションの一室。共産党大阪府委員会と「赤旗」記者が徹底調査する中で、発行責任者が大阪市議8期、府本部長も務めた元公明党大阪府本部代表の柳井伝八の名が浮かび上がる。柳井はこの選挙でも、本部選対副本部長を務めていた。

（赤旗）記者が電話を入れると、「自分が責任者」と認めた。公党の幹部が謀略ビラの指揮をとっていたことに、日本共産党は「政治も、運動も、ここまで腐ってしまったのは、公明党が政権に加わったから」と徹底反撃ビラを配布した。「これが政権党のやることか。こんなビラを配れない」と創価学会員からも声も出るほどだった（日本共産党大阪府委員会『時代をつないで』）。

謀略団体の反共ビラ　統一協会が配布指示

最近でも19年の参議院選挙直前にも謀略ビラ配布を行っていたことが明らかになっている。以下「しんぶん赤旗」の記事（22年10月2日）を紹介しておきたい。

――悪質なデマで日本共産党と野党共闘への攻撃をくり返してきた正体不明の謀略団体「ジャパン・ガーディアンズ」のビラを統一協会（世界平和統一家庭連合）が配布するよう信者に指示していたことが1日、関係者から入手した内部文書で分かりました。統一協会との関わりを隠して大量のビラを計画的に配布するよう指示した内容で、統一協会の反社会的な体質が浮き彫りになった形です（統一協会取材班）。

同団体はホームページで「反日勢力」「悪魔的な政党」と日本共産党を誹謗《ひぼう》・中傷しています。本紙の調べでは、ビラに書かれた住所は民間の私書箱で、所在地すら隠蔽《いんぺい》しています。

本紙が入手したのは、同団体が19年に発行したビラと、その配布方法を指示した「実施要項」です。カラー印刷のビラは、日本共産党が『天皇制の廃止』を目指している」「暴力革命の方針を堅持する」などと事実無根のデマを書き連ね、公党の名誉を毀損《きそん》する内容です。関係者によると、これらは東京都内の信者に渡されました。

実施要項には、配布期間「6月中　※7月の参議院選挙の公示前までには必ず配布し終える」と指示しています。

注意事項として、次のような細かい指示もされていました。

「CH（統一協会を意味する隠語）の他のチラシなどと一緒に投函《とうかん》しない」

「共産党のポスターが貼られているなど明らかに共産党関係のお宅には投函しない」

「配布中に第三者から尋問を受けた際には、『この団体やチラシの趣旨に賛同して友人ら有志で配布しています』などと回答する」

さらに「配布期間内に必ず配布できるよう、計画的に配布する」と期限の厳守を徹底。青年1人が1日（午前9時から午後5時まで実働7時間）配布した場合「1000枚ほど配布可」との例まで示し、大量に配るよう呼びかけています。

このビラが配られた19年の参院選は、市民と野党の共闘が初めて全国的に成立し、統一協会と協力関係にあった安倍晋三首相（当時）ら政権側は強い危機感を抱いていました。

「ジャパン・ガーディアンズ」のビラは第8弾まで発行されています。衆院選があった昨年は、4月から10月にかけて東京都、新潟県、岩手県、神奈川県と広範囲に配布されたことが分かっています。

正体を隠した謀略ビラで政党を侮辱し、民主的な選挙を妨害する反社会的な行為です。

「市民と野党の共闘」に分断を持ち込む「連合」会長

安倍政治を一言でいうなら強権政治である。その典型が集団的自衛権行使容認の閣議決定であり、一連の安保法制＝戦争法の強行だった。安倍政権の強権政治が「市民と野党の共闘」を生み出し、安倍元首相は市民と野党の共闘に恐れをなし、憎悪を向けていたことは第8章で触れた。今日、「市民と野党の共闘」が困難に直面している。その小さくない要因として日本労働組合総連合会（連合）が立憲民主党の共闘方針に揺さぶりをかけていることがある。連合が政党を揺さぶることは以前からあったが、21年10月6日芳野知子氏が連合会長に就任するや露骨な反共発言を繰り返す一方で、連合が支持する立憲民主党が共産党との共闘することを揺さぶる発言が激しくなった。統一協会と一体の勝共連合の反共謀略がむき出しの〝剛〟の攻撃だとすれば、連合の野党共闘分断は〝柔〟の攻撃である。芳野会長は労働組合連合組織のトップという立場を超えて、何故異常なほどに反共アレルギーを露わにし野党共闘攻撃をするのか。その芳野会長は統一協会が関係する連合の研修機関の影響を受けていた。

芳野氏は連合会長就任の翌日10月7日に開いた記者会見で、19日に告示が迫っている衆議院議員選挙について言及。立憲民主党が総選挙で政権交代を実現した場合に日本共産党が「限定的な閣外からの協力」をする両党合意に異論を唱えた。さらに「閣外協力もあり得ない」と述べた。

衆議院選挙後の11月28日に出演したBSテレ東の番組でも、「連合と共産党の考えが違う。立民と共産党の共闘はありえないと言い続ける」と言い、さらに翌年夏（22年7月）の参院選に向けた連合の活動方針で、「考え方の違う共産党が入るのはちょっと考えなければいけない」と、あらためて共産党に対して強いアレルギー反応を示した。

第8章でも触れたように21年10月の衆議院選挙で立憲民主党と共産党などの「野党共闘」によって、自民党の現職幹事長らを小選挙区で落選に追い込んだのは紛れもない事実である。芳野会長はそうした功績をも評価しない。そもそも連合は労働者の要求を実現めざす労働組合のナショナルセンターである。その要求実現のために政党と協力・共同しあう関係であるべきである。芳野氏が反共であるのは自由だが、労働組合連合組織のトップとして特定政党の政党の理念や政党間の共闘あり方を攻撃するのは、まったく立場を超えた〝私憤〟といわねばならない。その〝私憤〟によって労働組合と政党との自由な共闘関係が壊され、要求実現が遠のくなら労働者にとってこれほど不幸なことはない。

その芳野会長は立憲野党の共闘分断をはかる一方で、自民党に接近している。22年4月18日、自民党が党本部で開いた政策会合に出席。雇用安定やジェンダー平等などについての連合の見解を説明し「私たちの政策実現のため、ぜひ自民党にも力を貸していただきたい」と述べたという。第9章で詳細したように労働者の賃金が久しく上がっていない。相次ぐ労働法制の改悪によって派遣労働者と非正規労働者が広がり、年収200万円以下のワーキングプアは1100万人前後の高止まりをしている。安倍元首相らはジェンダー・バッグラッシュに加担し、世界で最下位クラスのジェンダーギャップ指数は改善されないままである。不安定雇用も世界最下位クラスのジェンダー平等も原因を作り出した自公政権に政策実現を要望するというのは本末転倒である。

芳野会長の政治思想の原点・富士政治大学校

芳野会長の経歴に当たってみると、彼女の政治思想の原点が富士政治大学校だったことが浮かび上がる。富士政治大学校は、69年西村栄一（元民社党委員長）によって設立された富士社会教育センター内（静岡県御殿場市）に、労働組合員向けの研修機関として設置された。

90年代初めまで存在した民社党は、60年の安保反対闘争のとき日本社会党右派が離党して結党され、背景にはアメリカCIAの援助があったと当時から言われ、その政治スタンスは一貫して〝第2自民党〟だった。

富士政治大学校の初代理事長西村栄一から理事長を引き継いだ松下正寿が、今日にいたる労働貴族を対象とする政治塾の骨格をつくったと言われる。

68年に民社党参院議員に当選した松下正寿は73年に文鮮明に会い、後年に『文鮮明　人と思想』を出版するほどに心酔。74年統一協会が創設した世界平和教授アカデミーの初代会長を務めている。翌年には統一協会が発刊した「世界日報」の論説委員になる。79年に統一協会の宗教新聞社社主。83年には日韓トンネル研究会発起人。84年に死去すると統一協会は、松下正寿追悼献花式を行っている。統一協会は安倍元首相が亡くなった時にも追悼献花式を行っているから、統一協会にとって安倍晋三のような重要な人物だった。

この富士政治大学校は94年民社党解体後も存続し続けて、ＪＵＫＩミシン労組出身の芳野友子氏のような旧同盟系の連合労組役員、旧希望の党の残党など現在の国民民主党の議員などに反共思想、労使協調の路線をたたきこむ洗脳教育の場となっている。

というように、富士政治大学校は事実上統一協会の労働政治大学校ともいえる機関である。問題は芳野友子連合会長と富士政治大学校との関わりである。芳野会長はこの大学校で学んだことを記者会見で否定している。「女性役員が外の会議に出ることがほとんどない中、女性組織で学習会をやろうということで（富士社会教育）センターに所属する方を講師に招いた。ただ、労働運動について学ぶというよりは、話し方とか文章の書き方とか基本的な学習会だった」と釈明している（22年8月25日「連合」記者会見）。

毎日新聞の電子版（21年12月25日）に次のような記事が掲載されている。

――共産党に対する拒否感について、芳野さんに尋ねたことがある。

概要は次の通りだ。就職したＪＵＫＩには共産党の影響を受けた組合があった。これに反発した組合員が同盟系の労組を作った。自分の入社時には、同盟系が多数派になっていたが、組合役員になると共産党系の組合と闘った過去を学んだり、相手から議論を仕掛けられたらどう切り返すかというシミュレーションをしたりした。

〝頭隠して尻隠さず〟とはこういうことを指す。このフレーズに芳野会長が富士政治大学校から学び取った明瞭な痕跡を見ることができる。富士政治大学校では、反共産主義を叩き込むだけでなく、「共産党の影響を受けた組合」――労働者の要求を取り上げて働くものの立場に立つ労働組合を、資本の側とつるんで乗っ取っていく。労働組合でもなく会社の公式組織でもないインフォーマル・グループを立ち上げて第2組合（御用組合）を作り、同盟、連合に加盟させていく、実践的な教育が行われていた。むろん「共産党系の組合と闘った過去を学んだり、相手から議論を仕掛けられたらどう切り返すか」という、極めてマニュアックな教育も行われていた。

このように統一協会は反共保守を掲げ自民党に食い込み・癒着し、政治や行政を歪めているだけではない。労働界や学術文化の分野にまで広い分野に食い込み、反共で汚染していることを見落としてはならない。

第11章

統一協会との50年来の対峙者

統一協会を追及してきた老舗

筆者の手元に統一協会の霊感商法を暴露、追及した二つの新聞記事のコピーがある。一つは78年7月19日付「赤旗」の記事。統一協会が霊感商法で高額で売り付けている高麗人参濃縮液や高麗大理石壺などの原価を暴いた見開きの特集記事である。

――国際勝共連合＝統一協会のインチキ商法のなかでもっとも被害件数の多いのは一和高麗人参濃縮液。これは医薬品として厚生省の認可を受けていないしろものですが、彼らは「高血圧に効く」などと嘘の効能をうたい、薬事法に違反して薬として一箱五万五千円という高値で売りつけています。

この濃縮液は統一協会の教祖、文鮮明が会長をしている韓国の「一和製薬株式会社」が製造し、日本側の統一協会のダミー、「世界のしあわせ」（旧幸世商事）が輸入、同じく統一協会系列の全国の販売店に卸しています。

つまり製造から流通販売まで統一協会のルートで流れていますが、それだけにここから得る利益も莫大なものです。

東京港に荷揚げされる他社製品の高麗人参濃縮液で安いものは、当時三百グラム当たり保険料、船賃、関税を入れても二千三百九十円。高いもので九千五百七十円程度という。輸入価格の6倍から23倍で売り付けていることになる。かなりの暴利をむさぼっている。しかし高麗大理石壺の場合は、高麗人参濃縮液の暴利どころではない。

――彼らが「触れば病気がなおる」「家に置けば幸福が舞いこむ」などとだまして、一個二十五万円~三十万円で売り付ける高麗大理石の壺は、一和高麗人参濃縮液どころではないぼろもうけの材料です。

さきに紹介した国際勝共連合＝統一協会幹部の外為法違反の裁判で、元幸世商事代表取締役の増田勝は「大理石の壺一個の輸入価格は五千円~六千円、あるいはもっと安かった」と供述しています（七三年二月三日付尋問調書）」。

「彫刻でもあればともかく、ロクロにのせて削り、表面をみがくだけでは一万円がいいところ」――京都府石材協同組合の証言が記されている。輸入時の価格の40倍から60倍で売り付けているというのだから、恐ろしいほどのペテン商法というほかはない。二束三文の商品を、不安をあおりだまして高額で売り付け、暴利をむさぼっている実態が浮かび上がる。この霊感商法で得た暴利は統一協会に渡り、統一協会本部の運営資金や韓国、アメリカでのビジネス展開の資金、果また反共謀略に使われている。

もう一つは、前出（第9章）の「朝日新聞」の特集「自民と旧統一協会共鳴の半世紀」（22

年8月7日付)。先に紹介した記事の別項に、統一協会、勝共連合と手を切るべきと中曽根首相に迫る一節がある。

――一方でこのころ、不安をあおって高額商品を売りつける教団の霊感商法が社会問題化。国会でも度々取り上げられた。87年7月の臨時国会では、共産党の議員が中曽根首相に「霊感商法の背後に統一協会、勝共連合があることは明白」などと質問。これに中曽根氏が「一部団体との関係について自民党は縁を切れとか言っておられるが、思想と行動の自由に対する重大な侵犯発言だ」と反論した。

国会会議録に当たってみると、この「共産党の議員」は佐藤昭夫参議院議員(京都府選挙区選出)である。佐藤議員の行った代表質問の統一協会、勝共連合に関わる「朝日新聞」の記事は、要約されていて意がつかみにくい。以下全文を紹介したい。

――三年間余りで一万三千四百二十九件、百三十八億円の被害という霊感商法の背後に、韓国仕込みの謀略団体、統一協会、勝共連合があることは明白なのに、総理の御子息や福田元首相らが勝共連合の依頼で霊石感謝の会に祝電を打っています。一方、これを糾弾するマスコミや弁護士などに対する脅迫も続いています。

六月四日の本院決算委員会での私の質問に対し遠藤法務大臣は、その根を絶やす方途を検討すると答弁されましたが、総理、自民党総裁として、今後、勝共連合ときっぱり手を切ると明言されますか。また、勝共連合などを使った反動勢力がたくらむ国家機密法案の再提出はやらないと断言していただきたいのであります（参議院会議録　87年7月10日本会議　日本共産党代表質問）。

ここでいう「霊石感謝の会」とは、「霊感商法」批判に対抗するために、統一協会が教団の女性信者を集めて、霊石（壷や多宝塔）を授かったことを〝感謝〟するために立ち上げた「会」のことである。佐藤議員が統一協会と手を切れと求めたのに対し、中曽根首相が「思想と行動の自由」への侵犯という角度から反論したのは、後年閣僚が「信仰の自由」を犯すと答弁を繰り返し、自民党議員が「信仰の自由」を犯してはならないと統一協会を擁護したことに通じる同じ論法である。

「女性のひろば」（22年11月号　柿田睦夫「なぜ反ジェンダーで自民党と共鳴するのか」）編集部が作成した資料によれば、70年代から90年代に統一協会・勝共連合に関する日本共産党国会議員団のおもな質問は32件を数える。71年1件、73年4件、76年1件、77年2件、78年7件、81年2件、83年1件、84年1件、85年1件、87年6件、88年2件、90年2件、92年1件、98年1件。

「サンデー毎日」（22年9月11日号）は、「『旧統一協会と共産党』知られざる50年暗闘史」という、日本共産党小池晃書記局長のインタビュー記事を掲載した。「旧統一協会と半世紀以上も闘ってきたという共産党。教団の体質と問題の裏まで知り尽くした小池晃書記局長が『不気味な背景』をすべて語る」。

これらの記事からも、日本共産党が50年来統一協会問題を追及してきた老舗であることがよくわかるだろう。

「アエラ」（22年9月5日号）は「メディアの報道と空白の30年」という記事を掲載し、60年代後半旧統一協会のフロント団体「全国大学原理研究会」による原理運動が全国の大学や高校生に広まり、学業放棄や家出をする学生が相次いだこと、大学の授業料などを原理運動に注ぎ込み、大金を巻き上げられていることなどを、「朝日」が「親泣かせの『原理運動』」として報じたことを振り返っている。86年から87年にかけて「朝日ジャーナル」が統一協会による「霊感商法」追及を連載したこと、92年には「週刊文春」が、新体操の女王山崎浩子が統一協会に入信し、「合同結婚式」に参加するとスクープしたことを紹介している。しかし「朝日ジャーナル」は92年に廃刊になり、その後統一協会の報道は次第に下火になり、統一協会の「合同結婚式」をワイドショーやスポーツ紙が大きく取り上げた程度で、一般紙や報道番組が取り上げることはなくなったこと、95年の地下鉄サリン事件以降はオウム真理教に移り、今回の安倍元首相銃撃事件まで統一協会問題は30年間報じられなくなったと述べている。

第7章で触れたように統一協会問題が「政治案件」と扱われたことが、メディアの報道に影響しなかったのか。このことも検証されるべきだろう。

しかし日本共産党と「しんぶん赤旗」が一貫して統一協会問題を取り上げ、告発、報道してきたことはこれまで見てきた通りだ。

反社会的統一協会を告発、批判を続けてきた老舗への中傷

ところがである。7月22日放映された日本テレビ系「情報ライブ　ミヤネ屋」（読売テレビ制作）で、コメンテーターとして出演した吉川美代子氏（元TBSアナウンサー）は旧統一協会に対する日本共産党が統一協会追及チームを発足させたことに関わって「（旧統一協会問題に）何も言わないで、世間の注目が集まっているこの時に急に言い出す……パフォーマンスっぽい」とコメントした。

これに対して、日本共産党の植木俊雄広報部長は、23日事実無根の発言に抗議し、謝罪・訂正を求めるコメントを発表。25日午前には、読売テレビに直接、抗議し、謝罪と訂正を求めた。同番組は25日、アナウンサーが「先週金曜日の放送で一部、共産党が旧統一協会の問題について、これまで取り上げていないと捉えられるような内容がありましたが、実際には共産党は、1970年代以降、旧統一協会の被害の実態について国会で取り上げてきた事実があります」と訂正したが、謝罪はしなかった。

この指摘に対してコメンテーターの吉川美代子氏自身はその後どう対応したか。吉川氏は自身のインスタグラムで「共産党は昭和63年までは追及していたが、この30年は『追及チーム』をつくっていない」と、事もあろうに開き直った。「追及チーム」をつくってこなかったから「パ

フォーマンスっぽい」というのは、すぐに底の割れる言い逃れである。「追及チーム」があろうがなかろうが、日本共産党と「しんぶん赤旗」は旧統一協会の反社会的問題を50年以上にわたって追及してきた老舗である。

なぜ長期にわたって統一協会の反社会性を一貫して追及できたのか。それは共産党が不正を許さず社会正義を目指す政党であるからだ。また社会主義の道から外れた覇権主義の旧ソ連や中国とは一線を画しつつ、統一協会が反共謀略組織であることを見抜いているからだ。それはジャーナリズムに身を置く一人として、少し調べればわかることであり、今回の「パフォーマンスっぽい」発言は意図的な中傷という他はない。

人間はしばしば誤りを犯す。誤りを犯した時にこそ人としての道が問われる。誤りを認め反省し謝罪するか、開き直るかで天地の差が生まれる。吉川氏の対応は後者だった。こうした平気で見え見えのウソをつく人物を、コメンテーターとして登場させるメディアの社会的責任が問われる。

7月26日開いた日本共産党国会議員団の統一協会問題追及チームの第2回会合は、全国弁連の紀藤正樹弁護士を招いてヒアリングが行われた。その際、同弁護士は「しんぶん赤旗」の役割について次のように述べた。

――（旧統一協会の問題を）他のメディアが取り上げてくれないときに「赤旗」は報じてくれた。それを知らない人がいることは正直言ってびっくりする。現場で苦労してきた人間からすると感謝の気持ちがある。私は私の立場でがんばるが、共産党は共産党の立場でぜひがんばっていただきたい（「しんぶん赤旗」22年7月27日）。

「アエラ」がいみじくも言った「メディアの報道と空白の30年」は、長年霊感商法の被害者の相談、救済にあたってきた弁護士にすれば、大きなもどかしさがあっただろう。それだけに日本共産党と「しんぶん赤旗」の役割を語ったこの言葉は重みがある。

11年以来一貫して統一協会問題を取材、告発、追及してきた鈴木エイト氏も、安倍元首相が送った祝賀ビデオメッセージについて、「しんぶん赤旗」の報道ぶりを次のように語った。

——安倍氏は統一協会との関係をなるべく隠したかったのではないでしょうか。21年に協会関連団体である天宙平和連合（UPF）のイベントにメッセージを送った時も、映像は当日しか見ることができないようにしていました。それが一部メディアで報じられたとしても、自分の政治生命と自民党になんの影響やダメージはないだろうと判断してのことでしょう。確かに、それを報じたのは「しんぶん赤旗」や幾つかの雑誌だけでした。大手メディアは黙殺しました（8月4日開催、日本共産党国会議員団「旧統一協会問題追及チーム」第3回会合ヒアリング）。

茂木幹事長の筋違いの暴言

9月4日放映されたNHK「日曜討論」で、共産党の小池晃書記局長は「（統一協会と自民党との関係を）徹底的に解明することなしに被害の救済はできない」と、自民党と教団の関わりを追及したところ、自民党の茂木敏充幹事長は「旧統一協会の問題だけではなく、社会的に問題のある団体すべてについて考えていかなくてはならない。例えば左翼的な過激団体と共産党との関係、ずっと言われてきました。そこについて全く調べないというのも問題だと思いますよ」と討論をすり替えた。

小池氏は「全く関係ありません。公共の電波を使って自民党の幹事長が全く事実無根の話をしないでください。撤回してください。過激な団体と共産党がいつ関係を持ちました？　我々は最も厳しく対峙してきた政党ですよ」と発言の撤回を強く求めた。しかし茂木氏はそれに応じず、司会者は茂木幹事長に目配せしながら「いいですね？　はい」とまたもや議論を打ち切った。またもやというのは、安倍元首相銃撃事件直後に行われた同じ番組でジャーナリストの江川紹子氏の問題提起をスルーしたことがあるからだ。

小池氏は翌5日の記者会見で「全く事実無根のフェイク発言。公党の幹事長が生放送の公共の電波を使ってデマ情報を流したということですから、厳しく改めて抗議したい」「共産党が暴力集団と同一であるかのようなデマは、もともと統一協会が選挙の度に流してきたデマ。自民党が統一協会と一心同体であることを示す発言である。あまりに卑劣だと言わなければなりません」と批判した。さらに、茂木氏の発言が統一協会と自民党との関係、とりわけ安倍元首相との関係を問い詰める質疑の中で出てきたとして、「こういうデタラメなことしか言えないぐらい、自民党が追い詰められているということを示すものではないか」と指摘した。

しかし茂木氏は、6日の会見で自身の発言について「撤回しない」と明言。それを受けて小池氏はツイッターで、《先日の「日曜討論」では、茂木幹事長は批判されると「具体例を出してください」とおっしゃられていましたね。ならば、この件でも、「左翼的な過激団体」と日本共産党が関係を持っていたということについて、「具体例を出してください」出せないなら撤回してください》と応酬した。

この茂木氏の発言にネットでは「#茂木幹事長に発言の撤回を求める」「#茂木幹事長は詭弁の大嘘つき者」とハッシュタグ付きの批判コメントが殺到した。

茂木幹事長の発言は、小池氏が「安倍元首相を調べないのか?」との追及にうろたえてすり替えたデマ発言である。茂木氏の言う「左翼的な過激団体」が何を意味するのかわからないが、左翼過激団体がよど号乗っ取り事件を起こした「連合赤軍」のような、いわゆる〝左翼過激派〟であれば、共産党はこのような集団には一貫して批判・対決してきた。日本共産党自身についていえば戦後綱領がない時代に党が分裂し、一方の側が暴力革命路線をとったことがある。しかし共産党として正式に決めた路線ではない。61年綱領を採択し、議会制民主主義の活動路線をとってきており左翼過激派とは無縁である。公安調査庁が一貫して共産党を破壊活動防止法（破防法）の調査対象にしてきているが、半世紀以上監視してきても暴力革命の〝証拠〟は見つかっていない。21年6月11日、鈴木宗男衆議院議員（日本維新の会）の質問主意書に対して、「（共産党は）破壊活動防止法にもとづく調査対象団体」とする答弁書を閣議決定した。共産党を破防法の調査対象から外さないのは、統一協会・勝共連合が正体を隠して「政府も『共産党は破防法対象団体』と閣議決定」（最近大阪府下で配布されている「Japan Guardians」）などと反共を撒き散らすうえで利用価値が大きいからだ。

むしろ左翼過激派に対しては自民党が取り締まらず〝泳がせ政策〟を取ってきたのが真相である。自民党はなぜ左翼過激派を泳がせておくのか。共産党が過激派集団と何らかの関係があるかのようなデマ情報を振り巻き、さも暴力革命政党であるかのような印象操作をするためである。

ここで反共主義・反共攻撃は独り日本共産党に向けられたものではないことを想起しておきたい。ドイツの牧師マルティン・ニーメラーは第2次世界大戦中、ナチスに迫害された体験を次のような警句（詩）に残した。ニーメラーは国家社会主義ドイツ労働者党（ナチ党）が迫害対象を徐々に拡大していく様に恐怖を感じつつも、「自分は当該集団の関係者じゃないから」と見て見ぬふりをしていたが、自分がいざ迫害対象になった時には、社会には声を上げてくれる人はもう誰もいなかったというものだ。

――ナチスが共産主義者を連れ去ったとき、私は声をあげなかった。私は共産主義者ではなかったから。

彼らが社会民主主義者を牢獄に入れたとき、私は声をあげなかった。社会民主主義者ではなかったから。

彼らが労働組合員らを連れ去ったとき、私は声をあげなかった。労働組合員ではなかったから。

彼らが私を連れ去ったとき、私のために声をあげる者は誰一人残っていなかった。


ナチスの弾圧、迫害は宗教者にまで及んだ。それは戦前の日本社会でも同様である。共産党へ真っ先に弾圧を加え、それから文化団体や自由主義者へ言論弾圧を広げ、さらに労働組合をすべて解散させ産業報告会に、女性団体もすべて解散させ大日本婦人会に統合し大政翼賛会の下に置いた。そしてついにはすべての政党を解散させ、政府と軍部は町会の隣組に至るまで厳しく監視し、国民を戦争に駆り立てた。

戦後長く京都府知事を務めた蜷川虎三は「反共は戦争の前夜」という警句を残した。これまでにも述べてきたことだが、歴代政権は戦争の放棄と軍隊の保持を禁じた憲法9条のもと自衛隊を「専守防衛」の最小限の実力組織としてきた。安倍政権はその「専守防衛」すら投げ捨て、同盟国であるアメリカが引き起こす戦争に自衛隊が参戦可能とする集団的自衛権行使容認へ180度解釈を変え、15年一連の安全保障法制＝戦争法を強行した。12月16日岸田政権が閣議決定した改定安保3文書は、安倍政権が強行した一連の安保法制に沿って、先制攻撃が可能な敵基地攻撃能力を自衛隊に実践整備する戦争国家づくりそのものである。超低空で飛行し敵基地のレーダー網を掻い潜り障害物を避けながら長距離巡航するトマホークを含む大量のミサイルを自衛隊に装備し、そのために5年間で43兆円もの大軍拡予算を組み、国民には増税を押し付け、社会保障を圧縮し、財政法が戒めている「建設国債」を発行してでも軍拡財源を確保しようというものだ。まさにいつかきた道、「戦争前夜」への道である。翻訳家の池田香代子氏は「私たちは、戦争する国の3合目まできてしまったのかもしれません」(「しんぶん赤旗」22年12月23日)と述べた。

戦前政府と軍部が日本共産党を真っ先に徹底的に弾圧したのは、あの侵略戦争に命を賭し身体を張って反対を貫く政党だったからだ。戦争は総力戦である。そのために共産党を徹底的に弾圧し、国民が一切物を言えぬ国家総動員態勢を敷き、無謀な戦争に突き進んだ。まさに「反共は戦争前夜」である。勝共連合であろうが自民党であろうが連合であろうが、反共主義、反共攻撃を他人ごとにすることはできない。繰り返すが反共主義、反共攻撃は独り日本共産党に向けられた攻撃でなく、平和と社会進歩を願う国民に向けられたものである。反共主義の克服は戦争国家づくりを許さず、日本社会の民主主義の前進と社会進歩に不可欠の課題である。

勝共連合副会長が反共の〝宣戦布告〟

11月2日、国際勝共連合の渡辺芳雄副会長は、東京都足立区で街頭演説に立ち、「サンデー毎日」（22年11月6日号）が掲載した日本共産党の志位和夫委員長とジャーナリスト田原総一郎氏との統一協会をめぐる対談に言及し、田原氏の「最終戦争の段階ですね」との問いに、志位氏が「私たちはとことんやりますよ」と答えたのは国際勝共連合に対する〝宣戦布告〟だとして、「受けて立つ」「とことんやろうではないか」と語気を強めた。

統一協会に煮え切らない対応を取り続けてきた岸田政権も世論に押されて、反社会的カルト教団に対して宗教法人法に基づく「質問権」の行使に踏み出した。「質問権」の行使は解散命令が前提とされる。統一協会・勝共連合は発足以来最大の〝危機〟に直面し焦り出した。野合・癒着していた自民党に対しては、「同性婚反対、憲法改定」などで自民党候補に推薦証を交わし、野合・癒着していた〝闇〟を暴露し、揺さぶりをかける。その一方で日本の安全保障に関して、政府が購入を検討している先制攻撃兵器「トマホーク」導入を主張するなど、自民党との協調姿勢を見せることも忘れない。

その上で渡辺氏は「（統一協会が）解散したとしても団体は残る。より鍛錬した団体として残る。政治団体・国際勝共連合は解散できない」と強調し、反共がただ一つ存在意義である統一協会・勝共連合を売り込む。

反共謀略集団、統一協会・勝共連合とのたたかいは続く。

おわりに

本稿脱稿後も新たな事実が次々明らかになっている。統一協会が霊感商法や多額の献金などで集めた資金を原資に全国各地に多数の不動産を買い漁って施設を作り、そこを足場に信者をマインドコントロールする研修や自民党の選挙支援が行なわれていたこと、自民党が統一協会関連団体の世界平和教授アカデミーの学者グループを招いて党本部内で勉強会を開き、共産党攻撃や教科書攻撃の〝指南〟を受けていたなどである。

同じく本稿脱稿後、朝日新聞阪神支局襲撃事件（赤報隊が犯行声明を出した、いわゆる赤報隊事件）で、兵庫県警が赤報隊と統一協会・勝共連合との関連を捜査していた事実が明らかになった。この事件は1987年5月3日夜、散弾銃を持った目出し帽の男に阪神支局が襲撃され、銃弾を受けた29歳の男性記者が死亡し、43歳の別の記者も重症を負ったが未解決のまま2003年に時効となっている。時効後も昭和の未解決事件としてメディアに取り上げられることはあったが、赤報隊事件の犯人が右翼関係者ではないかというのが大半の報道だった。23年2月2日、衆議院予算委員会で宮本岳志衆議院議員が兵庫県警の捜査資料に基づいて統一協会・勝共連合の関わりを質した。以下質問の核心部分を紹介して本文で取り上げられなかった責を補っておきたい。

――1月27日『自民党という絶望』という本が出版されました。（中略）。この本の中でジャーナリストの鈴木エイト氏は驚くべき事実を明らかにしております。（中略）。1987年に発生した朝日新聞阪神支局、襲撃事件を捜査した兵庫県警捜査1課から作成した資料によると、日韓親善協会の中に勝共連合のメンバーを送り込み、自民、民社、商工会議所のメンバーを引き込んでいる。自民党本部の職員10人前後の勝共連合のメンバーがいる。東力議員の秘書A氏は、そのメンバーで活発な講演会を開いている。私はこの兵庫県警捜査1課資料を入手しここに持っております。（略）。谷公一国家公安委員長にお聞きしますけれども、この資料は兵庫県警が作成したものに間違いないと考えますけれども、朝日新聞阪神支局襲撃事件の捜査に当たって、統一協会・勝共連合について、捜査や調査を行った事はお認めになりますか？

阪神支局襲撃事件以外にも赤報隊を名乗る朝日新聞社への襲撃事件が各地で相次いでいた。宮本議員は続いて次のように質問を続けた。

――この赤報隊事件の前段階で、実は故筑紫哲也氏が編集長務める「朝日ジャーナル」に、統一協会の関係者と思われる脅迫状が届いておりました。筑紫哲也さんがその内容の1部を1985年5月17日号の「朝日ジャーナル」、多事争論に書き残しておられます。脅迫状の中身でありますが、「文鮮明様のためだったら、命の一つや二つ使って欲しくないやつが、俺たちの仲間には100人以上いるんだ。言っておくが警察は俺たちの味方だ。俺たちの操り人形なんだ。俺たちには岸元首相がついている。まず筑紫哲也のガキとその女房、それにうすい記者とか言うやつも、その家族から殺してやる。アカサタンだけを殺すことだけが生きがいの文鮮明様の使徒より」。兵庫県警がここまで調べていた自民党本部と統一協会の癒着を兵庫出身の谷大臣が公訴時効だから我関せずでいいのか…。

「公訴時効を成立後に捜査を行わないというのが原則」と、谷国家公安委員長の答弁は型通りにとどまったが、宮本岳志議員の質問は、統一協会・勝共連合が自民党本部の職員にメンバーを送り込み政界工作を行っていた事実や、赤報隊事件への統一協会・国際勝共連合の関わりについて兵庫県警が捜査や調査していた事実を踏み込んで質したものだ。赤報隊事件が統一協会・勝共連合関係者によって引き起こされたものではないか――兵庫県警が捜査を迫ったことが、「政治の力」「政治案件」によって闇に葬られた節は十分にありうる。今後も統一協会・勝共連合と自民党の野合と癒着の闇の解明が求められる重いテーマである。

また脱稿直前の12月16日、岸田政権は安保改定三文書を閣議決定したことは本文で触れた。戦争国家づくり推進勢力は小林多喜二や伊藤千代子のように命がけで反戦を貫いた共産党を小さな勢力に押し込んでおきたい。反共だけが存在意義の統一協会・勝共連合は、政権側が公然とやれない反共謀略の汚れ役を担い、今後も買って出るだろう。戦争国家づくり推進勢力にとって統一協会・勝共連合は捨てがたく利用しがいがある。安倍晋三元首相銃撃事件によって、統一協会の反社会的実態や自民党との野合・癒着が明るみになり、宗教法人法にもとづく質問権の行使に追い込まれた。質問権の行使は解散が前提とされる。統一協会・勝共連合は、自民党との野合・癒着の実態を小出しし「解散に踏み切るならまだ出すぞ」と揺さぶりをかけている。統一協会・勝共連合の反共謀略を最大限利用してきた戦争国家づくり推進勢力にとって、統一協会の解散は痛し痒しである。だらだら質問権の行使を繰り返しているのは、穿った見方をすれば何とか統一協会を存続させるために、国民のほとぼりが冷める時間稼ぎをしているようにも見える。自民党や議員が統一協会・勝共連合との野合・癒着についても個々の議員を表面的外形的な項目の「点検」だけで、うやむやで済まそうとしている。本書が統一協会・勝共連合と自民党との野合・癒着の解明と反共主義の克服にいささかでも役に立てば望外の喜びである。

本書の執筆は新聞、雑誌、関連書籍、ネットの記事、テレビ番組など、事件に関わる膨大な情報の収集と読み込みと同時進行という、きつく慌ただしい作業となった。幸い筆者は一線を退き時間的余裕も生まれ、事件の衝撃と重大性が作業を動かした。前著「ドキュメント森友事件の真相」（日本機関紙出版センター）は、学校法人森友学園が運営する塚本幼稚園の教育勅語を軸とした復古主義の教育理念に共鳴した安倍元首相が、9億6千万円もの国有地をただ同然で学森友学園に払い下げ、「瑞穂の國記念小學院」設立を後押しした問題だった。奇しくも本書が連続して安倍元首相にかかわる著作になった。

第10章「大阪府知事選——謀略の辻邦男事件」の執筆にあたっては、故辻邦男氏の連れ合い辻日出子さん、辻邦男勝共事件守る会の事務局を務めた中野綾子さんにはお世話になった。

記してお礼を申し上げる。

２０２３年２月末

【引用、参考文献】

有田芳生『改訂新版「統一協会とは何か」』（大月書店、２０２２年９月）
鈴木エイト『自民党の統一教会汚染』（小学館、２０２２年10月）
日隈威徳『「統一協会＝勝共連合とは何か」（新装版）』（新日本出版社、２０２２年10月）
山口広『検証・統一教会＝家庭連合』（緑風出版、２０１７年４月）
浅井春夫他『ジェンダーフリー・性教育バッシング』（大月書店、２００３年12月）
冠木結心『カルトの花嫁』（合同出版社、２０２２年11月）
朝日新聞大阪社会部『ポスト橋下の時代』（朝日新聞出版、２０１９年11月）
辻事件弁護団、辻邦男さんを守る会『79年大阪府知事選挙　勝共謀略・政治弾圧事件　大阪地裁最終弁論要旨』
岩崎忠『自治総研通巻４０８号「大都市地域特別区設置法の制定過程と論点」』
衆議院会議録
参議院会議録
文藝春秋
世界
週刊ポスト
週刊文春

週刊新潮
サンデー毎日
アエラ
議会と自治体（日本共産党中央委員会）
前衛（日本共産党中央委員会）
朝日新聞
毎日新聞
毎日新聞電子版
産経新聞
東京新聞
日刊ゲンダイ
日刊ゲンダイ「DIGITAL」
しんぶん赤旗
大阪民主新報
日本テレビ系「情報ライブ　ミヤネ屋」
朝日テレビ「ワイドスクランブル」
カンテレ「報道ランナー」
ＮＨＫテレビ「日曜討論」「クローズアップ現代」「スペシャル」番組

【引用、参考文献】

ＨＢＣ北海道放送
ＢＳフジ「プライムニュース」
フジテレビ「日曜報道」
ＭＢＳテレビ「ゴゴスマ」
ＢＳテレ東
Change.org「山上徹也氏の減刑を求める署名」
弁護士ドットコム
AERAdot.
ABEMA Prime
武蔵野政治塾第2回セッション
YouTube「第67回高知県母親大会前川喜平記念講演」
9月23日「国葬はこれでよいのか、統一教会と自民党の癒着は…などを考えるシンポジウム」
集英社オンライン
Yahoo!ニュース
ニューヨークタイムズ電子版
YouTube
世界平和家庭連合ホームページ
日本共産党中央委員会ホームページ

【著者紹介】
渡辺　国男（わたなべ　くにお）
1945年、福井市生まれ。大阪府在住。
ノンフィクションライター。
［著書］
『肺がんステージⅣ 山好き女の挑戦』（新日本出版社、2017年）
『ドキュメント「森友事件の真相」』（日本機関紙出版センター、2020年）
『山旅ときめき紀行』（日本機関紙出版センター、2021年）

安倍晋三元首相銃撃事件の深層
統一協会と野合・癒着の闇を照らす

2023年3月20日　初版第1刷発行

著　者　渡辺国男
発行者　坂手崇保
発行所　日本機関紙出版センター
〒553-0006　大阪市福島区吉野3-2-35
TEL 06-6465-1254　FAX 06-6465-1255
http://kikanshi-book.com/
hon@nike.eonet.ne.jp
本文組版　Third
編　集　丸尾忠義
印刷・製本　シナノパブリッシングプレス

ISBN978-4-88900-281-2